Udo Baer
Gabriele Frick-Baer

Wie Kinder fühlen

Udo Baer
Gabriele Frick-Baer

Wie Kinder fühlen

BELTZ

Das Werk erschien zuerst in der Reihe »Bibliothek der Gefühle« und wurde für die vorliegende neue Ausgabe überarbeitet und erweitert.

MIX
Papier aus verantwortungsvollen Quellen
FSC® C089473

Dieses Buch ist erhältlich als:
ISBN 978-3-407-86662-2 Print
ISBN 978-3-407-86665-3 E-Book (EPUB)

1. Auflage 2021

in der Verlagsgruppe Beltz • Weinheim Basel
Werderstraße 10, 69469 Weinheim

Umschlaggestaltung: www.sandraklostermeyer.de (Gestaltung), www.stephanengelke.de (Beratung)
Bildnachweis: © Igor Madjinca/stocksy.com
Fotos S. 212: © Baer-Frick-Baer, Fotografin: Arlett Mattescheck
Satz: Publikations Atelier, Dreieich
Herstellung: Sarah Veith
Druck und Bindung: Beltz Grafische Betriebe, Bad Langensalza
Printed in Germany

Weitere Informationen zu unseren Autor_innen und Titeln finden Sie unter: www.beltz.de

Inhalt

Kinder fühlen. Und wie!?

Einige Vorbemerkungen

Kinder fühlen. Eine Binsenweisheit, werden Sie vermutlich sagen. Und das könnte man auch meinen angesichts der schier unüberschaubaren Fachliteratur über Kinder. Viele Menschen haben das Verlangen, sich mit dem Verhalten von Kindern zu beschäftigen, mit ihren Problemen und vor allem den Problemen, die sie Eltern und anderen Erziehenden bereiten. Und sie machen sich infolgedessen ernsthaft und engagiert Gedanken über Hilfsangebote und Lösungen aus festgefahrenen Erziehungsstrukturen und zu Interventionen, die kindliches Verhalten verändern sollen. Aber den Gefühlen der Kinder und vor allem dem, wie Kinder fühlen, wird nach unserer Auffassung viel zu wenig Aufmerksamkeit geschenkt. Diese Lücke wollen wir ein wenig schließen. Das ist unser Herzensanliegen. Denn oft hören wir in unserer therapeutischen Arbeit von Erwachsenen, dass ihre Gefühle in der Kindheit missachtet wurden und wie sehr sie darunter gelitten haben. Und in der therapeutischen Arbeit mit Kindern erfahren wir, dass Kinder oft mit ihren Gefühlen ins Leere gehen, dass sie auf ihre emotionalen Regungen keine oder unangemessene Echos erhalten und häufig resignierend aufhören, überhaupt Gefühle zu zeigen. Viele junge Klientinnen und Klienten äußern ihre Emotionen gar nicht oder so, dass sie von den Erwachsenen, mit denen sie leben, nicht verstanden werden. Wenn wir auf die Geschichte mit unseren eigenen Kindern zurückschauen, taucht eine Reihe von Bildern auf, in denen die Gefühlsäußerungen der Kinder uns tief bewegten und unser Zusammenleben beeinflussten – und wir erinnern uns an Situationen, in denen wir die Gefühle der Kinder nicht oder nicht hinreichend verstanden, an Situationen, die uns verunsicherten, ja hilflos machten, und an Situationen, in denen unsere eigenen Gefühle den Blick auf die Gefühle der Kinder vernebelten. In fast allen Kindern »tobt« oder zumindest bewegt sich ein reiches und vielfältiges Gefühlsleben, zu dem wir Erwachsene leider oft nur geringen Zugang haben.

All diese Erfahrungen sind uns Grund genug, uns den Gefühlen der Kinder zu widmen. Die emotionale Lebenswelt der Kinder ist voller Besonderheiten und nicht gleichzusetzen mit der der Erwachsenen, auch wenn viele Gefühlsäußerungen ähnlich scheinen und uns Erwachsenen bekannt vorkommen. Kinder sind in der Entwicklung, sie lernen jeden Tag, sie lernen auch, zu fühlen und auf ihre Art und Weise Gefühle auszudrücken. Neben dem Umstand, dass sich Kinder noch mehr als Erwachsene in der Entwicklung befinden und dabei auch lernen und üben, zu fühlen und Gefühle auszudrücken, gibt es einen weiteren wichtigen Unterschied: Kinder haben weniger Spielräume und weniger Wahlmöglichkeiten als Erwachsene.

Sie können nicht den Wohnort wechseln oder die Personen, mit denen sie zusammenleben, austauschen. Wenn ihnen ein Elternteil Angst macht, können sie ihn nicht »umtauschen«. Erwachsene sind grundsätzlich in der Lage, Partner_innen zu verlassen und neue zu suchen. Kinder nicht.

Wir wollen einen Blick auf die Besonderheiten werfen, wie Kinder fühlen. Wir haben dazu Gefühle beziehungsweise Gefühlslandschaften ausgewählt, die wir zunächst betrachten wollen. Dies kann nur knapp geschehen. Wir wollen Anregungen geben, die Sie, die Leserinnen und Leser, mit Ihren Erfahrungen in Verbindung bringen können und die, so hoffen wir, Türen zum Verständnis öffnen. Eine genauere und differenziertere Beschäftigung mit diesen Gefühlen über die Besonderheiten der Kinder und Jugendlichen hinaus ist unserem Buch *Das Große Buch der Gefühle* vorbehalten.

Wir werden in den dann folgenden Kapiteln einige Hintergründe und Zusammenhänge erläutern. Fortfahren werden wir mit einem Kapitel darüber, wie Kinder emotional lernen. Wir stellen die Ergebnisse moderner Hirnforschung in Bezug auf die Bedeutung der Gefühle für die Entwicklung von Kindern vor, und wir betrachten, welche Bedeutung Gefühle für das Lernen haben. Kindergefühle maskieren sich oft. Dem werden wir ein weiteres Kapitel widmen, ebenso dem Konzept der Spürenden Begegnungen, das für das emotionale Beziehungsglück der Kinder von so großer Bedeutung ist. Die unterschiedliche Art und Weise, wie Kinder in ihren Gefühlen und im Ausdruck ihrer Gefühle feststecken können, werden wir in einem weiteren Kapitel beschreiben. Was wir Erwachsene von fühlenden Kindern lernen können, wird Thema des darauffolgenden Kapitels.

Zum Abschluss werden wir in fünf Thesen zusammenfassen, was fühlende Kinder brauchen, und in fünf weiteren Thesen, was Erwachsene im Umgang mit den Gefühlen der Kinder brauchen. Auch hier stellen wir keinen Anspruch auf Vollständigkeit, sondern fassen das zusammen, was uns am wichtigsten erscheint. Wir hoffen, dass wir Ihnen an keiner Stelle als »Besserwisser_innen« oder »Bessermacher_innen« entgegentreten. Wir wollen Anregungen geben und bemühen uns, unsere und Ihre Achtsamkeit auf die Bedeutung der Gefühlswelt der Kinder zu richten.

Bei alldem stützen wir uns auf Erfahrungen unterschiedlicher Art, vor allem auf die Erfahrungen mit unseren eigenen Kindern und auf die Erfahrungen in unserer therapeutischen und pädagogischen Arbeit mit Kindern und Jugendlichen. Wir nennen einzelne Kinder in unseren Beispielen mit Namen um ihnen so ein Gesicht zu geben. Die wirklichen Namen wurden jedoch verändert. Denn es ist uns ein Anliegen, diese Kinder in ihrer unverwechselbaren Identität zu würdigen und gleichzeitig zu schützen. Wichtig sind uns ebenfalls die Erfahrungen der erwachsenen Menschen, mit denen wir in unserer Therapie und Ausbildung zu tun haben und die uns von den Gefühlen ihrer Kindheit berichten. Denn schließlich sind alle Erwachsenen auch Expert_innen für kindliche Gefühle – oder könnten es zumindest sein: Wir Erwachsene haben alle eine

Kindheit, wir haben alle Erfahrungen, wie wir uns als Kinder gefühlt haben, was wir für unser Fühlen gebraucht haben und was nicht. Leider sind diese Erfahrungen häufig verschüttet oder irgendwo abgestellt. Wenn in Seminaren oder therapeutischen Prozessen solche Erfahrungen wiederbelebt und genauer betrachtet werden, können sie eine große Quelle des Verständnisses und der Weisheit hinsichtlich der Gefühle von Kindern und Jugendlichen sein.

Wir wissen nicht, mit welchem Interesse Sie dieses Buch lesen. Vielleicht mit dem Interesse der Eltern, die die Gefühle ihrer Kinder mehr verstehen und besser mit ihnen umgehen wollen, vielleicht auch mit dem Interesse eines Therapeuten oder einer Therapeutin oder als Erzieher_in(nen), Lehrer_in(nen) oder andere Fach(kräfte)kraft im sozialen oder pädagogischen Bereich, die daraus Anregungen für ihre professionelle Arbeit schöpfen möchte. Wahrscheinlich werden Ihnen beim Lesen Situationen mit Kindern vor Ihr inneres Auge treten und Sie werden sich sicherlich auch an die eine oder andere Situation Ihrer eigenen Kindheit erinnern. All diese Erfahrungen sind es wert, ernst genommen zu werden.

Wie Kinder fühlen

Liebe

Kinder lieben. In jedem Alter. Die Liebe der Kinder ist sichtbar und spürbar, wenn man hinschaut und sich ihr öffnet. Die Liebe eines Säuglings ist offensichtlich: der offene und sich öffnende Blick auf die stillende Mutter, der Verdruss, wenn sich eine geliebte Person abwendet, die strahlende Freude bei Zuwendung und Nähe. So, wie sich ein Kleinkind an eine Person schmiegt, die es liebt und der es vertraut, so vollkommen können sich Erwachsene nur noch selten hingeben.

Werden die Kinder größer, verdichtet sich ihr Lieben oft im Schenken oder, genauer gesagt, in der Vorbereitung des Schenkens. Da tuscheln die Geschwister und sparen und suchen im Internet und gehen allein in Geschäfte – und präsentieren der Mutter als Ausdruck ihrer innigen Liebe eine elektrische Orangenpresse. Die Mutter lächelt pflichtschuldig, zwei solcher Pressen stehen schon unbenutzt im Keller. Für sie ist das Geschenk ein weiterer, eher überflüssiger Haushaltsgegenstand. Sie ahnt aber, dass mehr dahintersteckt, sie hat die »heimliche« Vorbereitung mitbekommen und erlebt, dass dies Geschenk für die Kinder wichtig ist. Und wichtig ist es in besonderer Weise, denn die Kinder freuen sich, wenn die Mutter ihnen einen Orangensaft presst. Sie staunen über ihre Kraft und bemitleiden sie ein wenig wegen der Mühe, die sie mit der Handpresse aufwendet, um ihnen etwas Gutes zu tun. Also wollen sie ihr etwas Gutes tun, wollen ihr ihre Mühe erleichtern und damit ihre Liebe zeigen. Das Geschenk wird damit auch für die Mutter wichtig und das zunächst pflichtschuldige Lächeln nimmt einen liebevoll-freudigen Ausdruck an.

In der Pubertät oder nach der Pubertät ist die Liebe der Kinder für ihre Eltern oft nicht verloren gegangen, selbst wenn sie sich manchmal so verkleidet, dass man ein Fernglas oder eine Lupe braucht, um sie zu erkennen. Natürlich wendet sich die Liebe dann vorrangig den Freunden und Freundinnen zu. Aber wenn die Kinder gegenüber anderen Menschen etwas über ihre Eltern erzählen, dann schimmert Liebe zumindest ein wenig durch. Sie sagen oft Dinge über die Eltern, die sie ihnen direkt gar nicht mehr sagen würden, weil das ja »kindisch« wäre. Die Liebe ist weiterhin da, aber anders, verschämter, manchmal versteckt, sich darin zeigend, dass die Jugendlichen ihre Eltern gegenüber anderen verteidigen oder durchblicken lassen, dass sie stolz auf sie sind.

Kinder lieben. Leidenschaftlich. Im Kindergarten gibt es oft Freundschaften, die über das übliche Verständnis von Freundschaft weit hinausgehen und eher leidenschaftliche Liebe beinhalten. Vorher schon beginnt die Liebe in der leidenschaftlichen Hinwendung zu Teddys oder Lieblingspuppen – und wehe, der Teddy wird gewaschen und riecht nicht mehr so wie früher oder wird gar als alt und vergammelt von Erwachsenen weggeworfen. Später dann wendet sich die leidenschaftliche Liebe anderen zu, der Grundschullehrerin oder dem Fußballverein, den Sammelbildern, Mangas oder bestimmten Musikgruppen. Ob das ganze Zimmer mit Bildern von Taylor Swift tapeziert wird, ob das Pferd geliebt wird oder die Meerschweinchen oder Fußballstars – immer geht es um das ganze Herz. Das Herz wird hingegeben, leidenschaftlich und vollständig. Das wird bei Kindern bedauerlicherweise oft übersehen und nicht genug gewürdigt. Leidenschaftliche Liebe ist es und kein Tick, keine Spinnerei oder lediglich Schwärmen. Sie verträgt kein Lächerlichmachen.

Kinder lieben. Bedingungslos. Da wird die elfjährige Lucia von ihrem Vater geschlagen und begrabscht – doch sie entschuldigt ihn und verteidigt ihn und »lässt nichts auf ihn kommen«. Denn er ist ihr Vater und sie liebt ihn. Die Liebe der Kinder ist bedingungslos, andauernd und zäh. Kindliche Liebe lässt sich nicht gänzlich zerstören durch Grausamkeiten, Ignoranz, Demütigungen, Verwahrlosung und heillose Überforderung. Selbst wenn Erwachsene zornig und verzweifelt verurteilen, was ihnen als Kind von einem Elternteil angetan wurde, selbst wenn Liebe offenbar in Hass umgeschlagen zu sein scheint, so bleibt doch – von Außenstehenden zumeist staunend und verwundert oder gar mit großem Unverständnis und Ablehnung zur Kenntnis genommen – ein Rest der kindlichen Liebe vorhanden. Diese Liebe ist ein Teil des Kindseins und braucht Anerkennung und Würdigung. Dass sie selbst bei Menschen, denen Schreckliches angetan wurde, lebendig bleibt, ist ein Zeichen ihrer Kraft und der Bedingungslosigkeit, mit der sie in die Welt tritt.

Kinder lieben. Selbstlos. Gelegentlich mögen Kinder einigen Erwachsenen wie kleine, Liebe und Aufmerksamkeit verschlingende, undankbare Ungeheuer vorkommen. Manchmal scheinen Kinder (elterliche) Selbstaufgabe zu fordern. Doch wenn das Lieben der Kinder nicht verschüttet, verachtet oder beschämt worden ist, wohnt der Liebe der Kinder immer die Bereitschaft inne, viel mehr auf das Wohl von Mutter und Vater und der ihnen Liebsten zu achten als auf das eigene.

Die Selbstlosigkeit der kindlichen Liebe hängt eng mit ihrer Bedingungslosigkeit zusammen und liegt oft nah an der Selbstaufgabe. Sie ist (zunächst zumindest) zutiefst vertrauend und macht blind. Kinder haben grundsätzlich die Fähigkeit und Bereitschaft, sich mit den geliebten Menschen zu identifizieren, sich in sie hineinzuversetzen, sie zu verstehen, zu bejahen und zu entschuldigen. Sie sind in der Lage, die Erwartungen der geliebten Menschen zu erspüren (auch wenn es darin eine mehr oder minder hohe Fehlerquote geben mag), und haben die Bereitschaft, sie zu erfüllen. Die selbstlose Liebe ist Kindern so selbstverständlich, ist ein solch unspektakulärer Teil ihrer Innenwelt, dass sie nur selten das Licht der Welt erblickt beziehungsweise ins Licht der Welt gerückt wird. Sie kann leicht von den Erwachsenen übersehen, überhört und übergangen werden und entschlüsselt sich manchmal erst über die Rückschau im Erwachsenenalter.

Das Lieben der Kinder beziehungsweise ihre Art, zu lieben, wird oft belächelt. Es verdient stattdessen ein zärtliches Lächeln, Beachtung und Respekt.

Schuld und Verantwortungsgefühl

Ein Vater sitzt am Wohnzimmertisch und redet mit seinem achtjährigen Sohn. Vier Wochen ist es her, dass die Eltern des Kindes sich getrennt haben und der Vater in eine neue Wohnung gezogen ist. Der Vater staunt, wie gut der Sohn die Trennung verkraftet hat, und freut sich, dass er anderen stolz sein neues Kinderzimmer zeigt und anscheinend gern bei ihm ist. Sie trinken einen Kakao. Der Vater fragt den Sohn, wie es ihm mit der Trennung der Eltern geht. Der Sohn erzählt erst, dass er es toll findet, nun zwei Kinderzimmer zu haben, und dass es für ihn gut ist, abwechselnd bei Vater und Mutter sein zu können. In der Schule wären die meisten Eltern der Mitschüler und Mitschülerinnen getrennt und die meisten Kinder hätten nur noch Kontakt zu einem Elternteil. Doch dann sagt er etwas, woraufhin der Vater vor Überraschung fast den Kakao verschüttet. Der Sohn erklärt mit tiefem Ernst und großer Sicherheit, dass er wisse, dass er verantwortlich dafür sei, dass sich die Eltern getrennt hätten, und dass er seit einigen Wochen ganz viel dafür tue, dass sie wieder zusammenkämen.

Der Vater hatte von all dem trotz seiner innigen Verbindung zu seinem Sohn nichts mitbekommen. Das ist nicht verwunderlich, denn dieses Verantwortlichkeitsgefühl der Kinder ist ein vor allem geheimes Gefühl.

Wenn in der Lebenswelt der Kinder etwas Einschneidendes geschieht, das sie sich nicht erklären können, das, so wie sie es erleben, vom Himmel fällt, dann fühlen sie sich wie automatisch dafür verantwortlich. In diesem Verantwortlichfühlen ähneln sich Kinder und der Glaube in manchen Kulturen: Wenn der Regen ausbleibt, liegt die Verantwortung dafür darin, dass den Göttern zu wenig geopfert wurde oder der Lebenswandel des Stammesältesten dem Regengott missfiel. In unserem Kulturkreis wuchsen ganze Generationen mit der Vorstellung auf, dass die Sonne morgen scheint, wenn das Kind den Teller heute »schön leer isst«. Es werden Verknüpfungen hergestellt, die logisch nicht zu verstehen sind, die aber von der emotionalen Logik her betrachtet als sinnvoll und selbstverständlich erlebt werden. Wenn ich beim Gewitter fest meinen Kopf halte, schlägt der Blitz nicht ein. Wenn ich mein Zimmer aufräume, bekomme ich eine gute Note. Wenn ich freundlich zu meinem Bruder bin, wird die Mama wieder gesund …

Wir erfahren es in der Therapie und hören es von vielen Menschen, Kindern wie Erwachsenen: Kinder fühlen sich verantwortlich für Dinge, die über sie »hereinbrechen«, und sie versuchen, dieser Verantwortung gerecht zu werden, indem sie »besonders brav« sind, ihr Spielzeug in das Regal stellen, die Geschirrspülmaschine leeren, ihre Mahlzeiten aufessen, sich in der Schule häufig melden usw. Noch als Erwachsene sind sie oftmals erschüttert über das Ausmaß ihrer kindlichen Anstrengungen: Was musste ich nicht alles tun – und was habe ich nicht alles getan –, um das, wofür ich mich verantwortlich fühlte, wiedergutzumachen!

Das Verantwortungsgefühl der Kinder führt oft dazu, dass sie sich schuldig fühlen. Die Schwester eines Kindes stirbt, und das Kind fühlt sich jahrelang für den Tod der Schwester verantwortlich, weil es in dem Moment, als sie starb, draußen spielen war.

Romane und Erzählungen enthalten zahlreiche Geschichten, in denen beschrieben wird, wie verlassene Kinder die Schuld für das Verlassenwerden bei sich suchen. So auch der Junge in der Erzählung »Monsieur Ibrahim und die Blumen des Koran« (Schmitt 2003): »Es kam gar nicht infrage, dass ich zugebe, verlassen worden zu sein. Zweimal verlassen, einmal nach meiner Geburt von meiner Mutter, das zweite Mal als Heranwachsender von meinem Vater … Was war nur so abscheulich an mir? Was war bloß an mir, dass man mich nicht lieb haben konnte?« (S. 51). Auch in Annie Proulx' »Schiffsmeldungen« übernimmt ein verlassener Junge die Verantwortung dafür, dass ein Elternteil die Familie verlassen hat, und ist sich sicher, dass es daran liegt, dass er so langweilig ist.

Auch hier sagt die Logik des Verstandes: Das ist falsch, sogar verrückt. In der Logik der Gefühle sind solche Verknüpfungen selbstverständlich. Wie viele Kinder fühlen sich schuldig dafür, dass ihre Eltern sich getrennt haben! Wie viele Kinder übernehmen die schuldhafte Verantwortung dafür, dass nahe Angehörige gestorben sind oder schwer krank wurden oder sonstige unglückliche Ereignisse geschehen sind! Und wie viele Kinder übernehmen die Verantwortung für das »verkorkste Leben« ihrer Eltern! Sie spüren oder reimen sich aus vielen Hinweisen zusammen, dass sie eigentlich existenziell unerwünscht sind oder dass ihre Eltern »wegen ihnen« zusammenbleiben. Sie übernehmen die Schuld dafür, dass ihre Mutter oder ihr Vater ihr Leben nicht so leben, wie sie es eigentlich leben wollten. Diese Schuld ist zäh und nachhaltig. Sie kann jahrelang, ja manchmal jahrzehntelang anhalten und das Leben beeinflussen.

Zwei Verhaltensweisen wirken diesen Schuldgefühlen entgegen: Transparenz und Entschuldung. Der Vater des erwähnten Jungen tat das einzig Richtige: Er erzählte seinem Sohn, warum seine Ehe gescheitert war. Nicht alles, aber vieles von sich und der Beziehung zu seiner ehemaligen Frau, was dazu geführt hatte, dass sie nicht mehr zusammenleben konnten und wollten. Hier ging es nicht darum, »schmutzige Wäsche zu waschen« oder über den anderen »herzuziehen«, um sich zu rechtfertigen. Es galt hier und es gilt für viele andere Kinder in ähnlichen Situationen, ihnen zu erklären, dass Liebe manchmal nicht ausreicht, damit Menschen zusammenbleiben können. Es gilt, zu erklären, dass sich Menschen auseinanderleben und dass es dann auch gut ist, wenn sie auseinandergehen, um sich nicht weiter zu verletzen oder eine unerträgliche Spannung aufzubauen beziehungsweise aufrechtzuerhalten. Das Schuldgefühl und das Sichverantwortlichfühlen der Kinder entstehen, wenn etwas Unerklärliches geschieht, das für sie wesentliche Bedeutung hat. Also bedarf es der Erklärung und der Transparenz. Es ist notwendig, das, was geschehen ist, so verständlich wie nur irgendwie möglich für die Welt des Kindes zu machen.

Zur Entschuldung gehören zwei Sätze. Der eine Satz lautet: »Du bist nicht schuld.« Dieser Satz muss ausgesprochen werden, auch dann, wenn Kinder schweigen und ihn nicht einfordern. Dass Kinder sich schuldig fühlen, ist ebenso wie das Gefühl, verantwortlich zu sein, ein geheimes Gefühl. Nur in Ausnahmefällen wird es bekannt. Also sollten Erwachsene es auch ohne äußere Anzeichen in Erwägung ziehen und gleichsam »auf Vorrat« den Kindern mitteilen. Am besten sagen sie es eher beiläufig und dennoch ernst und wiederholen, dass die Kinder nicht schuld sind, wenn eine ihnen nahestehende Person gestorben ist, wenn Eltern sich trennen, wenn jemand krank wird … »Du bist nicht schuld!« Auch wenn Kinder »merkwürdig«, »depressiv«, »panisch« werden oder »durchknallen«, ist es oft hilfreich, der Spur der heimlichen Schuldgefühle zu folgen.

Der zweite Satz lautet: »Ich, der Erwachsene/die Erwachsene, übernehme die Verantwortung.« Es ist eine wunderbare Eigenschaft, dass Kinder auch bereit sind, Verantwortung zu übernehmen. Dieses Verantwortungsgefühl sollte, wo immer es möglich und verantwortbar ist, unterstützt werden. Doch die Verantwortlichkeit der Kinder ist eine andere als die der Erwachsenen. Wenn Kinder Verantwortung übernehmen müssen für Geschehnisse, für die sie keine Verantwortung übernehmen können, dann verwandelt sich ihr Verantwortlichkeitsgefühl in Schuld.

Acht- oder zwölfjährigen Kindern die Verantwortung für die Entscheidung zu übergeben, wo die Familie leben soll, ob die Mutter eine neue Stelle annehmen darf, ob der neue Lebenspartner, die neue Lebenspartnerin die richtige Person zum Zusammenleben ist, ist eine heillose Überforderung, die in dem Kind das tiefe Empfinden hinterlässt, zu früh groß sein zu müssen, zu versagen und zu scheitern, kurz: sich zu verlieren. Es ist wichtig, die Meinung der Kinder einzuholen, ihre Empfindungen und Gefühle ernst zu nehmen und ihnen Raum zu geben. Es ist wichtig, mit ihnen im Gespräch zu bleiben und den Kindern zu sagen, wo und in welcher Hinsicht Verantwortlichkeit von ihnen erwartet wird. Gleichzeitig müssen wir Erwachsene ihnen mitteilen, wo sie keine Verantwortung haben und diese auch nicht übernehmen müssen. Die Verantwortlichkeit darüber, wie Erwachsene zusammenleben, ist Sache der Erwachsenen. Auch die Verantwortlichkeit für die Lebensumstände der Kinder ist Sache der Erwachsenen. Nur wenn die Erwachsenen diese Verantwortlichkeit auch offen aussprechen und übernehmen, können Kinder sie loslassen.

Zugehörigkeit und Freundschaft

»Zu wem gehörst du?« Diese Frage würden heute nur wenige stellen, zu altmodisch kommt sie daher. Doch für das Gefühlsleben der Kinder ist die Beantwortung dieser Frage wichtig.

Die siebenjährige Lara gehört zu ihrer Familie. Zwar ärgert sie sich manchmal oder ist traurig, gelegentlich fühlt sie sich im Stich gelassen oder ist enttäuscht und findet das eine oder andere Verhalten ungerecht. Doch Freude, Liebe, Geborgenheit prägen ihr Leben genauso wie die alltäglichen Reibereien und Kümmernisse. Sie gehört zu dieser Familie, die zusammen isst und gemeinsam in den Urlaub fährt, in der jeder und jede aber auch einen eigenen Spielraum hat. Sie gehört dazu, selbstverständlich, ohne dass darüber Worte verloren werden und ohne dass sie das Wort »Zugehörigkeit« kennt oder gar in den Mund nimmt.

Lara gehört auch zu Theresa, zu ihrer Freundin, mit der sie »durch dick und dünn« geht, von den ersten Tagen des Kindergartens an. Freundschaft, Liebe, ganz gleich, wie man das innige Verhältnis von Lara und Theresa bezeichnet, sie gehören zueinander.

Der zwölfjährige Mike hat früher zu seiner Familie gehört, jetzt steht sein Fußballverein an erster Stelle. Der Trainer ist ihm wichtiger als Familie oder Lehrer_innen, auf ihn »hört« er mehr als auf seine Eltern. Die Mannschaftskameraden sind seine Kumpels, zu ihnen gehört er nach seinem Selbstverständnis mehr und intensiver als zu seinen Mitschüler_innen oder zu seiner Familie. Diese Zugehörigkeit ist sichtbar: Er trägt, sooft er darf, seine Vereinsmütze, seine Schulhefte werden von Vereinsaufklebern geschmückt, über seinem Bett hängt ein Fußballposter, die Mappe mit seinen Stiften ist blau wie seine Vereinsfarbe.

Seine drei Jahre ältere Schwester gehört zu den Gothics: schwarze Haare, schwarze Kleidung, entsprechende Musik …

Zugehörigkeit ist wichtig für die Identität eines Kindes. Die Frage »Wer bin ich?« wird auch dadurch beantwortet, dass ein Kind weiß, spürt, lebt, zu wem es gehört. Für Lara, Mike und seine ältere Schwester ist ihre Zugehörigkeit selbstverständlich, da werden keine großen Worte gemacht. In und nach der Pubertät findet die Zugehörigkeit oft einen demonstrativen Ausdruck, der ein deutliches Zeichen für den Wunsch oder die Notwendigkeit ist, sich von der Familie abzusetzen. Um die Zugehörigkeit der Kinderzeit abzulegen, wird häufig nach deutlichen Alternativsignalen gesucht. Nicht die Individualität kann die Zugehörigkeit zu einer Familie sofort ersetzen beziehungsweise ergänzen. Fast immer bedarf es eines Zwischenstadiums der Zugehörigkeit zu einer anderen Gemeinschaft, zu einer politischen, religiösen oder sportlichen Gruppe, zur Gemeinschaft der Anhänger_innen einer bestimmten Musikbeziehungsweise Subkultur oder von Ähnlichem.

Doch von den pubertären Zeichensetzungen abgesehen wohnt der Zugehörigkeit etwas Selbstverständliches inne. Sie ist selten konkretes Gefühl, zumeist ein Boden des Befindens, auf dem Geborgenheit und Glück gedeihen können. Die enorme emotionale Wichtigkeit der Zugehörigkeit offenbart sich vor allem, wenn sie gefährdet oder verloren ist. Verloren gehen kann sie, wenn Kinder verstoßen, im Stich gelassen oder verraten werden. Sie wird brüchig oder schwindet schließlich, wenn Kinder dauerhaft ignoriert werden und ihre Regungen und Bestrebungen ins Leere greifen. Manchmal ist sie auch dadurch gefährdet, dass Kinder anders als die meisten in ihrer Umgebung sind, klüger, vielleicht hochbegabt, empfindsamer, langsamer oder erregter. Diese Kinder suchen dann die Zugehörigkeit zu anderen Personen, Gemeinschaften, Lebewesen, oft auch zu einem Tier.

Sich nicht zugehörig zu fühlen hat nachhaltige Folgen. »Mich versteht sowieso keiner!« – durch diese Stimmung muss jedes Kind irgendwann einmal durch. Verfestigt sie sich aber im sicheren Gefühl, nicht dazuzugehören, wird daraus ein Grundgefühl, verloren zu sein. Wie viele Kinder fühlen sich fremd! Wie oft haben wir in Therapien gehört, dass Erwachsene erzählen, sie seien sich als Kind sicher gewesen, dass sie bei der Geburt vertauscht worden sind, weil alles dafür sprach, dass sie nicht zu dieser Familie gehörten, in der sie lebten! Wie oft hören wir von Kindern den im Brustton der Gewissheit ausgesprochenen Satz: »Ich bin falsch.« Wie oft hören wir, dass Kinder weglaufen, und erfahren jedes Mal, dass sich unsere Vermutung bestätigt: Wer wegrennt, ist vorher schon verloren gegangen. Nicht dazuzugehören, verloren gegangen zu sein zeigt sich oft darin, dass sich Kinder unter Druck fühlen. Dieser innere Druck ist häufig mit einer Unruhe verbunden, mit

Unstetigkeit, wie ein Hamster im Rad getrieben zu sein, wie auf der Flucht oder auf der ständigen Suche nach etwas, was nicht benannt werden kann.

Was hilft: Erstens muss aufmerksam und wachen Blickes hingeschaut werden, muss wahr- und ernst genommen werden, dass sich Kinder verloren und nicht zugehörig fühlen und dass sie darunter leiden. Zweitens gilt es, ernst und verlässlich Zugehörigkeit anzubieten beziehungsweise gemeinsam mit den Kindern herauszufinden, wo und wie sie dazugehören wollen. Oftmals wird Zugehörigkeit erzwungen (»Du gehörst nach Hause.« »Du gehörst ins Heim.«) – ein Unding, weil sich das Problem so nur scheinbar und nur in der Wahrnehmung der Verantwortlichen, nicht aber im Erleben der Kinder und Jugendlichen lösen lässt. Und drittens hilft Kindern die Unterstützung darin, herauszufinden, was sie brauchen, um sich zugehörig fühlen zu können!

Stolz

»Bilde dir nur ja nichts darauf ein. Sei nicht so stolz.« Dieser Satz hat schon vielen Kindern (und Erwachsenen) geschadet. Denn mit ihm wird oft »das Kind mit dem Bade« ausgeschüttet. Einerseits wird damit das Bestreben verhindert, sich über andere zu erheben, andere gering zu schätzen und abzuwerten, um sich selbst aufzuwerten. Andererseits erstirbt damit aber auch der Stolz, mit dem Menschen sich aufrichten und sich würdigen, der Stolz darauf, etwas zu können, etwas erreicht zu haben oder auf etwas zu verzichten. Wenn ein Erwachsener stolz darauf ist, mit dem Rauchen aufgehört zu haben – was spricht gegen diesen Stolz? Sich in Mathematik von einer Fünf auf eine Drei verbessert zu haben oder es geschafft zu haben, das Kinderzimmer allein aufzuräumen und zu putzen – warum nicht darauf stolz sein? Die Aufforderung »Sei doch nicht so stolz!« kann sich auf die beiden oben genannten Qualitäten beziehen und kann daher positive, aber auch negative Auswirkungen haben.

Wenn wir Erwachsene danach fragen, worauf sie in ihrer Kindheit stolz waren, müssen die meisten lange nachdenken. Ihnen fällt spontan nichts ein, weil ihr Stolz zu wenig gewürdigt wurde und zu wenig Raum einnehmen durfte. Den Kindern, die wir fragen, worauf sie stolz sind, fällt etwas ein, aber viele, allzu viele trauen sich nicht, das zu äußern. Wenn einem Kind auf diese Frage gar nichts einfällt, dann kann das ein Anzeichen dafür sein, dass es in seiner Persönlichkeit beschädigt oder gar gebrochen ist. Dass die meisten Kinder sich scheuen, laut zu äußern, worauf sie stolz sind, ist ein Zeichen dafür, dass sich ihr Stolz eher in einen heimlichen Bereich zurückgezogen hat, da ihn niemand würdigt und er niemanden interessiert. Sie sind eigentlich, meistens heimlich, stolz auf vieles, zum Beispiel darauf, eine vollständige Prinz-Eisenherz-Sammlung zu haben, stolz darauf, schnell laufen zu können oder beim Fußball ein Tor geschossen zu haben, stolz darauf, gut häkeln zu können oder ein Geschenk ausgewählt zu haben, das die Mutter erfreut. Stolz auf Vater und Mutter, stolz auch auf die Kleidung, auf die guten Noten. In all diesem Stolz kann immer auch ein Vergleichen mit anderen enthalten sein, in jedem Fall beinhaltet dieser Stolz ein Sichaufrichten, ein Größerwerden.

Um dieses Sichaufrichten geht es uns, wenn wir den Stolz verteidigen. Denn wie oft sind wir Kindern begegnet, die sich ducken und demütigen mussten und nur gebeugt ihren Weg ins Leben schreiten konnten. Kinder müssen aufrecht sein dürfen, Kinder sollen sich aufrichten, aufrecht sein und aufrecht bleiben.

Sich aufzurichten bedeutet nicht, andere zu erniedrigen oder auf andere hinabzusehen. Im Gegenteil: Wir haben beobachtet, dass Kinder (und Erwachsene), die sich aufrichten dürfen und darin selbstverständlich sind, auch Respekt für die aufrechte Haltung und die Aufrichtigkeit anderer aufbringen. Wer sich aufrichten darf, hat es nicht nötig, andere zu erniedrigen.

Viele Eltern haben eine seltsame Angewohnheit: Sie sind stolz auf ihre Kinder, aber sie zeigen es ihnen nicht. Die 14-jährige Jule erzählte in einer Therapiestunde sehr erschüttert, dass sie von der Nachbarstochter erfahren hatte, wie stolz ihr Vater auf seine Tochter sei. »Warum sagt er mir das nicht? Warum bekomme ich nichts davon mit? Warum wird an mir immer nur herumgekrittelt und herumgemäkelt?« Vielen Kindern ergeht es wie Jule. Ihre Eltern vertreten wie die Generationen vor ihnen die weit verbreitete Auffassung, sie dürften den Stolz auf ihre Kinder diesen nicht zeigen, damit sie nicht eingebildet oder »verweichlicht« werden. Das Gegenteil ist der Fall. Kinder brauchen Würdigung ihrer Kompetenzen, ihrer Leistungen, ihrer Fähigkeiten. Kinder brauchen Spiegel, ehrliche und wahrhaftige Spiegel. Stolz braucht Spiegel, die differenzieren.

Eine Klientin erzählte: »Ich habe keine Ahnung, worauf ich stolz sein kann. Ich habe keine Ahnung, was ich gut mache und was nicht. In der Kindheit war alles, was ich gemacht habe, gut. Jedes Bild, das ich gemalt habe, war toll. Alles war toll. Und das Ergebnis war, dass ich nicht weiß, woran ich bin.« Spiegel, also Rückmeldungen für Kinder, müssen möglichst konkret sein und konkret differenzieren, dann findet der Stolz einen Boden, dann können sich Kinder konkret aufrichten.

Um den Stolz des Aufrichtens zu entwickeln, brauchen Kinder auch Vorbilder. Eltern, die sich selbst erniedrigen und abwerten, Vater und Mutter, die untereinander keinen Stolz zeigen, sind Vorbilder – nicht für Stolz, sondern für Selbstabwertung. Eltern, die sich gegenseitig vorwerfen, »nicht genug aus sich zu machen«, die die Versagensgefühle wegen mangelnden beruflichen Erfolgs in sich hineinfressen oder ihren Gram und den Kummer über die »Ungerechtigkeit der Welt« im Alkohol ertränken – sie können für den Sohn oder die Tochter kaum Vorbilder für selbstbewusstes Verhalten und Stolz auf die eigenen Leistungen sein. Die Mutter, die gelernt hat, selbst nichts von sich zu halten, wird kein selbstverständliches Vorbild sein können für ein selbstbestimmtes, selbstachtendes Leben als Frau, weil ihr selbst der Boden eines stolzen Lebensgefühls fehlt. Vorbildlich kann sie allerdings sein, wenn sie sich dieser Situation bewusst ist und ihrer Tochter mit Liebe, Fürsorge, Vertrauen und vor allem Zutrauen begegnet und so deren Eigensinn und Selbstwertgefühl stärkt.

Wie dankbar Kinder für Selbstachtung und Stolz ihrer Eltern sind, wollen wir an dem kleinen literarischen Ausschnitt illustrieren, in dem sich ein angesehener Latein-, Griechisch- und Hebräischlehrer Mitte fünfzig an seine kindlichen Wahrnehmungen und Gefühle erinnert: »Er sah das schmale Buch vor sich, in dem die Mutter aufschrieb, was sie durch Putzen verdiente. Die schäbige Brille mit dem Kassengestell und den ewig verschmutzten Gläsern, über die hinweg sie ihn müde anblickte. Wenn ich nur noch einmal das Meer sehen könnte, aber das können wir uns einfach nicht leisten. Es hatte etwas an ihr gegeben, etwas Schönes, sogar Strahlendes, an das er sehr lange nicht mehr gedacht hatte: ihre Würde, mit der sie den Leuten, um deren Dreck sie sich kümmern musste, auf der Straße begegnet war. Keine Spur von Unterwürfigkeit, ihr Blick war auf der gleichen Höhe gewesen wie der Blick derer, die sie dafür bezahlten, dass sie auf den Knien herumrutschte. Darf sie das?, hatte er sich als kleiner Junge gefragt, um später dann stolz auf sie zu sein, wenn er es wieder einmal beobachten konnte« (Mercier 2004, S. 361).

Gerechtigkeitsgefühl

Kinder besitzen ein starkes Gefühl für Gerechtigkeit. Der Vater steht oft staunend vor seinem Sohn Tom und hört zu, mit welcher Energie er sich aufregt: »Dass ich heute eine Vier im Mündlichen bekommen habe, ist gar nicht so schlimm. Aber es war ungerecht, dass die Eva, die noch weniger gewusst hat als ich, eine Zwei bekommen hat.« Das Gerechtigkeitsgefühl wird in Ärger sichtbar, ist aber mehr als das. Es erscheint als hohe Erregung und kann Kinder intensiv und nachhaltig beschäftigen. Gerechtigkeit müssen Kinder nicht lernen, aber sie können sie verlernen, wenn sie in ihrem Gerechtigkeitsempfinden nicht unterstützt werden.

Das Gerechtigkeitsgefühl der Kinder braucht Bekräftigung, dann bewahrt es seine Kraft. Bekräftigung muss nicht beinhalten, dass den Kindern in allem zugestimmt wird, was sie für gerecht halten oder als ungerecht anklagen. Bekräftigung zielt darauf ab, dass Gerechtigkeit ein wichtiger Wert ist. In konkreten Bewertungen können Erwachsene durchaus anderer Meinung als die Kinder sein und ihnen widersprechen: »Dieses oder jenes halte ich nicht für gerecht« – wichtig ist, dass der Wert Gerechtigkeit unterstützt wird und ihm die hohe Bedeutung zugemessen wird, die er für Kinder hat.

Die größte Unterstützung erhält das Gerechtigkeitsgefühl dadurch, dass Erwachsene für Kinder parteilich sind. Nichts tötet ein Gerechtigkeitsgefühl schneller als ein Standpunkt über den Wolken, der es allen recht machen möchte, eine Haltung, sich aus allen Händeln der Welt heraushalten zu wollen. Damit werden Kinder alleingelassen. Kinder brauchen Standpunkte, Kinder brauchen Bewertungen, auch wenn sie nicht immer mit ihnen übereinstimmen, Kinder brauchen Vorbilder und Unterstützung darin, für Werte einzutreten.

Zwei Fallen, in die Eltern und andere Erziehende häufig tappen können, sind wir begegnet, zwei Fallen, die der Bekräftigung des Gerechtigkeitsgefühls und der Parteilichkeit entgegenstehen. Die erste Falle ist der Mythos, dass Eltern vor ihren Kindern keine Meinungsverschiedenheiten austragen dürfen, und vor allem, dass sie gegenüber ihren Kindern zusammenhalten sollen. Wie oft haben wir von Erwachsenen gehört, dass sie der Meinung waren, dass ihr Kind von ihrem Partner oder von ihrer Partnerin ungerecht behandelt wurde und dass ihnen das »regelrecht wehgetan« hat. Aber dann heißt es: »Das kann ich ja vor dem Kind nicht sagen.« Warum eigentlich nicht? Nach unseren Erfahrungen gibt es kaum etwas Größeres für ein Kind, als dass ein Erwachsener für es Partei ergreift, weil er es für gerecht und richtig hält. Die Eltern oder anderen Erziehenden verlieren dadurch nicht an Autorität, im Gegenteil, sie werden Vorbilder darin, Meinungsverschiedenheiten auszutragen und für Eigenes einzustehen.

Ein zweiter Mythos lautet: »Alle Kinder müssen gleich behandelt werden, nur das ist gerecht.« Hier werden Gerechtigkeit und Gleichbehandlung durcheinandergeworfen. Gleichbehandlung ist nicht Gerechtigkeit. Gleichbehandlung kann im höchsten Maße ungerecht sein. Dazu fallen Ihnen bestimmt einige Beispiele ein, die Sie am eigenen Leib erlebt haben. Selbstverständlich ist es ehrenwert, überlegenswert und richtig, bei Geburtstags- oder Weihnachtsgeschenken zu vergleichen und darauf zu achten, dass die Unterschiede nicht zu groß sind. Erwachsene setzen sich oft unter großen Druck, in dieser Hinsicht gerecht zu sein. Aber entscheidend für ein Kind ist nicht, dass die Geschenke für alle drei Geschwister jeweils 20 Euro kosten und keinen Cent mehr oder weniger. Entscheidend ist, dass das Kind von den Erwachsenen gewürdigt wird, dass es ernst genommen wird. Gerecht ist für ein Kind, wenn seine Wünsche und Bedürfnisse und seine Bemühungen gesehen werden. Das Maß des Gerechtigkeitsgefühls von Kindern ist nicht die Quantität der Geschenke oder der Zuwendung, sondern die angemessene, »gerechte« Qualität, die gerechte Würdigung ihrer Person, ihres Bemühens, ihrer Leistung, ihrer Persönlichkeit. Für Tom war nicht das Entscheidende der Unterschied in der Benotung. Die Verletzung seines Gerechtigkeitsgefühls lag darin, dass er sich nicht richtig gesehen und damit nicht gerecht gewürdigt fühlte. Der Vater kennt seinen Sohn: Tom regt sich genauso auf, wenn er findet, dass Eva oder eine andere Schulkameradin oder ein anderer Schulkamerad ungerecht behandelt wird. Nur hat es Tom dann leichter, damit klarzukommen, weil er, wenn es jemand anderen und nicht ihn selbst trifft, aufsteht und sagt: »Das finde ich ungerecht.« Und Tom hat, wie andere Kinder auch, ein feines Gespür dafür, dass Gerechtigkeit nicht Gleichbehandlung bedeutet. Denn er kämpft auch darum, dass der

Englischlehrer berücksichtigt, dass Carolin es wegen ihrer häufigen Krankheiten schwerer als andere hat, mit der Sprache und überhaupt mit dem Lernpensum zurechtzukommen. Tom verlangt vom Lehrer, dass er bei ihr ein anderes Maß der Beurteilung anlegt als bei anderen. Das bedeutet für ihn Gerechtigkeit.

Langeweile

Langeweile ist eine emotionale Stimmung, die starke Resonanzen bei Eltern und anderen Erziehenden hervorruft. Sie hat einen schlechten Ruf, der zumindest teilweise unverdient ist. Denn Langeweile bedeutet zunächst nichts anderes als lange zu verweilen, eine »lange Weile« nichts anderes zu tun als nichts. Manche Kinder mögen das, andere nicht oder weniger. Es gibt Kleinkinder, die lange Zeit einen kleinen Ball mit ihren Händen hin und her rollen können, hin und her und hin und her. Andere dösen lächelnd vor sich hin, lutschen dabei am Daumen oder saugen am Schnuller. Dies kann sowohl eine Vorphase des Einschlafens sein (die Eltern und Erziehende dann manchmal als zu lang empfinden und gerne verkürzen würden), als auch, vor allem bei älteren Kindern, eine Zeit des Fantasierens und Tagträumens, was jedoch (leider) oft nicht gerne gesehen wird. Viele Kinder halten so viel Ruhe und Muße nicht aus und brauchen Handlungen und Anregungen.

Auch manche Eltern meinen, sie müssten ruhigen, mit sich selbst beschäftigten Kindern Anregungen geben, indem sie sie ansprechen oder ihnen Spielzeug reichen.

In welcher Weise Kinder sich der »langen Weile« widmen wollen und können, unterscheidet sich bei jedem Kind. Es ist eine Frage des Naturells, aber auch der Erfahrungen, die das Kind gemacht hat. Wenn Muße nicht oder wenig zugelassen wird oder die Atmosphäre »geladen« ist, dann werden sich Kinder kaum der Muße hingeben und sie genießen können.

Der schlechte Ruf der Langeweile rührt daher, dass Kinder und vor allem Jugendliche sowie Eltern oft unter Langeweile leiden. Deshalb lohnt es sich, die unterschiedlichen Qualitäten der Langeweile zu betrachten.

- Die neunjährige Jana kommt zu ihrer Mutter und sagt: »Mama, mir ist langweilig!« In ihrer Stimme schwingt ein Vorwurf mit. Diese Langeweile ist eine Aufforderung an die Mutter, mit Jana etwas zu spielen oder sonst etwas zu unternehmen. Letzten Endes verbirgt sich hinter dieser Art von Langeweile eine Spur von Einsamkeitserleben, eine Sehnsucht nach Gesellschaft und Gemeinsamkeit.

- Der zwölfjährige Max langweilt sich. Es ist der erste Weihnachtsfeiertag. Der Vater versteht die Welt nicht mehr: »Gestern war doch Bescherung und du hast so viele Geschenke bekommen. Reicht dir das nicht?« Doch, Max reicht das. Es war sogar zu viel für ihn. Die Flut der Geschenke hat ihn überfordert – zu viele Reize, zu viele Anregungen, zu viel Aufregung. Da schaltet er ab und zieht sich innerlich zurück. Doch die innere Erregtheit ist noch so groß, dass er die Ruhe nicht genießen, ja, nicht aushalten kann. Deswegen erscheint sie ihm als Langeweile, über die er klagt. Hinter der Langeweile stecken die Überreizung und die Hocherregung.

- Der 14-jährige Robin kann sich nicht entscheiden. Soll er seinen Freund besuchen oder im Fernsehen den Film anschauen, den er schon lange sehen wollte? Er schwankt mal in diese, mal in jene Richtung. Schließlich knallt er die Tür zu und schreit laut: »Mir ist langweilig!« Die Eltern sind erschrocken und schlagen ihm vor, ein leckeres Essen, sogar sein Lieblingsessen, für sie alle zusammen zu bestellen. Er findet den Vorschlag »doof« und lehnt ihn vehement ab. Er ist von den Eltern gut gemeint, doch voll daneben. Robin geht es nicht wirklich um Langeweile, sondern darum, dass er sich nicht entscheiden kann. »Langeweile« ist sein Wort für die Unzufriedenheit und den Hader mit sich selbst, weil er nicht weiß, was er will, aber es doch eigentlich wissen müsste.

- Die 15-jährige Michelle fährt mit den Eltern gemeinsam in den Urlaub nach Griechenland. Sie stöhnt und schimpft zwei Wochen lang über die »furchtbare Langeweile«. Als die Eltern sie auffordern, doch etwas in dem nahe liegenden Ort zu unternehmen, oder ihr einen Wasserskikurs spendieren wollen, lehnt sie alles ab. Die Eltern fühlen sich verständlicherweise enttäuscht, als gönne Michelle ihnen den so ersehnten Urlaub nicht und wolle ihn verderben, und sind ratlos. Einen Tag vor der Abreise ist Michelle wie ausgewechselt: lebendig, strahlend, initiativ. In einigen Tagen soll ihre engste Freundin von dem Schüleraustausch zurückkommen. Michelle hatte sie sehr vermisst und getrauert. Gleichzeitig war sie so voller Sehnsucht nach ihrer Freundin, dass alles, was ihre Eltern und Griechenland dagegen zu bieten hatten, daneben völlig verblasste. Sie hatte ihre Gefühle von Verlassenheit, Trauer und Sehnsucht gegen das Gefühl der Langeweile umgetauscht.

In allen genannten Beispielen schwingen in und hinter der Langeweile andere Gefühle mit. Langeweile ist manchmal ein konkretes, fassbares Gefühl, oft eines des Übergangs zwischen einem Interesse und einem anderen. Meistens aber kann man Langeweile eher als Stimmung beschreiben. Stimmungen sind diffuser, unfassbarer, weitgespannter als Gefühle. Sie wirken in die Umgebung und beeinflussen atmosphärisch den Raum. Oft verdecken sie andere Gefühle wie bei Michelle oder sie enthalten auch weitere Gefühle, die in der Langeweile aufgehen oder in ihr mitschwingen.

Für Eltern und die anderen Erziehenden ist es deshalb wichtig und vielleicht erleichternd, zu wissen, dass sie nicht gleich mit Vorschlägen kommen müssen, was sie oder ein Kind tun könnte, wenn es dieses »Mir ist langweilig« äußert. Es ist oft erfolgreicher für Eltern wie Kinder, sich eine längere Weile zu gönnen und zunächst einmal hinzuhören und hinzuspüren, was in der Langeweile mitschwingt, und zu versuchen, mit dem Kind darüber zu reden.

Ge-Wichtigkeit

Jeder Mensch möchte Wirkung erzielen, auch jedes Kind. Ist ihm dies verwehrt, fühlt es sich klein, ohnmächtig und belanglos. Erfährt es seine Wirksamkeit, entwickelt es ein Grundgefühl dafür, dass es wichtig ist – Ge-Wichtigkeit. Wir sagen Grundgefühl, da es sich bei dieser emotionalen Regung eher um ein Befinden handelt, ein Grundgestimmtsein des gesamten Erlebens einer Person.

Nun sind Kinder klein und haben in der Regel einen niedrigeren Status als Erwachsene. Dass sie wichtig und ihr Wollen und Wünschen wirksam sind, ist häufig nicht selbstverständlich. Oft haben wir in anderen Kapiteln betont, wie wichtig es ist, dass die Gefühle der Kinder ernst genommen werden, und wir wiederholen es hier gerne, als Stärkung ihrer emotionalen Ge-Wichtigkeit. Auch im konkreten Verhalten des Alltags erfahren Kinder, ob sie ein Recht auf Ge-Wichtigkeit haben oder nicht. Das kleine Kind im Vorschulalter, das ein Lebensmittel im Supermarkt aussuchen oder das Gesellschaftsspiel bestimmen darf, das die Familie spielt; der Junge, der sich nicht nur am Geburtstag, sondern auch an anderen Tagen ein Mittagessen aussuchen und wünschen darf; das junge Mädchen, das mitüberlegt und mitentscheidet, wohin die Familie in Urlaub fährt – diese Kinder erfahren über ihre Wirksamkeit ihre Ge-Wichtigkeit.

Selbstverständlich gibt es auch das Gegenteil zu den Kindern, denen das Erleben der Ge-Wichtigkeit fehlt: die Kinder, die als kleine Familiendiktatoren alles oder nahezu alles bestimmen. Hier finden Kinder kein Gegenüber, hier hat die Ge-Wichtigkeit keine Grenzen. Kinder brauchen auch Hierarchien, sie sind in einer Familie oder im Kindergarten oder in der Schule nicht »der Chef«, es sei denn, diese Rolle wird ihnen im Spiel oder auf eine Entscheidung begrenzt zugesprochen. Fehlt dieser Rahmen, wird aus Ge-Wichtigkeit Über-Ge-Wichtigkeit, es entstehen Selbstüberschätzung und Maßlosigkeit, die häufig in verzweifelte Einsamkeit münden, da ein solches Kind es sich leicht mit allen »verdirbt«.

Verrat, Misstrauen und Ehrgefühl

Kati fühlt sich verraten. Von Nicola, ihrer besten Freundin. Mit der teilt sie alles, neben ihr sitzt sie seit drei Jahren in der Grundschule an einem Tisch. Die hält zu ihr, gegen die anderen. Dachte sie zumindest. Dann sah sie plötzlich, wie Nicola mit Marie spielte und lachte. Dabei waren sie sich doch so einig gewesen, dass Marie ihre Feindin war, mit der sie nie, nie, nie etwas zu tun haben wollten.

Nun fühlt sich Kati verraten, am Boden zerstört. Als sie es nach der Schule ihrer Mutter erzählt, sagt diese nur: »Ach, ist doch nicht so schlimm.« Es dem Vater zu erzählen, traut sie sich nicht, der »liest immer nur Zeitung, wenn er von der Arbeit kommt«, sagt sie, »und er ist so müde«. Kati bleibt allein mit ihrem Gefühl, verraten worden zu sein. Sie zieht sich zurück, ihre Empörung wandelte sich allmählich in Bitterkeit.

Wenn Kinder sich verraten fühlen, erschüttert sie das bis ins Innerste. Sicherlich werden Kinder öfter enttäuscht. Das mag wehtun, doch dieser Schmerz geht vorbei. Wahrscheinlich ist er außerdem auch wichtig, weil Kinder dadurch lernen, einer (Selbst-)Täuschung auf die Spur zu kommen. Sich im Stich gelassen zu fühlen wirkt heftiger und hält länger an als Enttäuschungen. Doch Verrat ist noch intensiver und hat nachhaltige Folgen.

Verraten fühlen sich Kinder, wenn ein für sie wesentliches Versprechen gebrochen wurde. Bei Kati war es das Versprechen der Freundschaft, das Versprechen, »durch dick und dünn« zusammen zu gehen.

Kinder im Kindergartenalter bindet ein Versprechen an Absprachen, die sie untereinander oder mit ausgewählten Erwachsenen treffen. Solche Versprechen sind fast immer Beziehungsversprechen, betreffen also die Stellung zweier Menschen zueinander. In der sogenannten postmodernen Welt der Erwachsenen verlieren Versprechen, Treue, Bindungen zumindest öffentlich an Wert – für Kinder nicht.

Ein Versprechen ist für ein Kind eine ernste Angelegenheit, es ist eine Stütze seiner Identität. Das gilt nicht nur für das Versprechen, das einem Kind gegeben wird, sondern auch und gerade für das Versprechen, das es einem anderen Menschen gibt. Kinder besitzen meist ein ausgesprochen starkes Ehrgefühl, das sie dazu veranlasst, ein Versprechen halten zu müssen. Dieses Ehrgefühl ist nah verwandt mit ihrem Gerechtigkeitssinn, ihrem Verantwortungsgefühl und vor allem mit ihrer Liebe. Dieses Ehrgefühl, das wir meinen, hat nichts gemein mit dem kulturell geprägten und oft missbrauchten Begriff der Ehre, wohl aber mit der Ehrung, der tief empfundenen, selbstverständlichen Achtung des anderen Menschen. Dieses Ehrgefühl ist Teil der Selbstachtung eines Kindes als Kern seiner Identität und einer würdigen Beziehung. Ein Versprechen vonseiten der Erwachsenen an ein Kind muss nicht ausgesprochen sein, um ernst zu nehmende Auswirkungen auf die Persönlichkeitsentwicklung eines Kindes zu haben. Allein schon die Elternschaft ist ein solches Versprechen. Wer ein Kind zeugt und es in die Welt setzt, verspricht ihm, für es zu sorgen und für es »da« zu sein. Wird dieses Versprechen gebrochen, ist dies in jedem Fall eine Enttäuschung, ruft fast immer das Gefühl hervor, im Stich gelassen zu werden, und wird je nach erlebtem Ausmaß als Verrat erlebt.

Ein zerstörerischer Verrat ist das Erleben von Gewalt und Verwahrlosung. Ein brutaler und perfider Verrat, den Kinder erleben können, ist der gewalttätige Bruch ihrer persönlichen Integrität durch sexuelle Gewalt. Hier begegnen uns in der Therapie der Kinder oder der Erwachsenen, die als Kinder sexuelle Gewalt erlebt haben, zumeist mehrere Aspekte des Verrats. Die Gewalttätigkeit der Täter, der Verrat an der Unverletzlichkeit, an der Schutzbedürftigkeit und an der Würde ihrer Opfer machen fassungslos, hilflos und zornig. Noch nachhaltiger wirkt und noch unerträglicher bleibt manchmal das Gefühl, von denen verraten worden zu sein, die von der sexuellen Gewalt etwas mitbekommen, aber die Augen zugemacht haben. Und dann kommt außerdem die Qual hinzu, dass die Kinder diejenigen nicht verraten dürfen, die sie verraten haben! Besonders perfide daran ist, dass die Täter_innen sich das tiefe Ehrgefühl der Kinder zunutze machen und sich auf ihre Bereitschaft verlassen, Verantwortung und Schuldgefühle zu übernehmen für Geschehnisse und Menschen, deren Opfer sie geworden sind.

Die Bedeutung, die das Gefühl, verraten worden zu sein, für Kinder hat, wird von Erwachsenen oft nicht genug gewürdigt. Versuche, zu trösten oder zu beschwichtigen mit Sätzen wie »Das ist doch nicht so schlimm«, »Mach nicht aus der Mücke 'nen Elefanten« helfen nicht, ja sie verstärken sogar noch das Gefühl, mit dem Gefühl, verraten worden zu sein, allein zu sein. Die Folgen können schwere Störungen des Bindungsverhaltens sein. Wer sich verraten fühlte und wer mit diesem

Gefühl alleingelassen wurde, wird dazu neigen, misstrauisch zu werden. Wenn ein anderes Mädchen Kati Freundschaft anbietet, wird sie nach der Erfahrung mit Nicola wahrscheinlich nicht mehr so vorbehaltlos und offen in die Freundschaft gehen, wie sie dies einstmals mit Nicola getan hat. Wenn Kinder (und später Erwachsene) chronisch misstrauisch sind und nicht mehr oder nur eingeschränkt anderen Menschen vertrauen können, sind häufig Verratserfahrungen der Hintergrund. Opfer (sexueller) Gewalt leiden oft unter dem Grundgefühl des Misstrauens als Lebensbegleiter.

Was brauchen Kinder, die sich verraten fühlen? Solidarität! Natürlich eingebunden in Wärme, Liebe und Vertrauen. Die konkrete Solidarität und die parteiliche Unterstützung sind wesentlich. Die Solidarität muss in Worten ausgedrückt werden, oft mehrmals. Sie muss darüber hinaus oft praktisch werden. Kati hätte von ihren Eltern gebraucht, dass diese klar und eindeutig das Verhalten von Nicola verurteilen, dass sie sich auf die Seite ihrer Tochter stellen. Und sie hätte vielleicht das Angebot gebraucht, dass die Mutter zur Lehrerin geht und sie bittet, Kati mit einem anderen Kind zusammenzusetzen. Solche Angebote werden von den Kindern oft nicht angenommen, und es ist wichtig, sie dann auch nicht durchsetzen zu wollen. Werden Angebote aber ausgesprochen, sind sie ein konkretes Zeichen der Solidarität.

Mit kindlichen Opfern von (sexueller) Gewalt solidarisch zu sein fordert tiefes Einlassen auf die Individualität des Kindes und den Mut, eigene Ängste und Unsicherheiten, etwas falsch zu machen, zu überwinden und die Komplizenschaft unter Erwachsenen zu brechen. Wie dann die konkreten Konsequenzen aus dieser solidarischen Haltung gegenüber dem Kind aussehen, dafür gibt es unserer Meinung nach keine Regeln. Unbedingt müssen das Leid und die gefühlte Not der Kinder ernst genommen werden. Daran vorbeizuschauen, um nicht handeln zu müssen, wäre neuer Verrat.

Verrat kann nicht ungeschehen gemacht werden, ebenso wenig wie das Gefühl, verraten worden zu sein, aber Solidarität kann die Wunden des Verrates lindern.

Widerwillen und Ekel

Ekel ist ein Gefühl, das Menschen schützt. Wenn ein Mensch eine Speise zu sich genommen hat, die in besonderer Weise unbekömmlich oder gar gefährlich ist, entstehen starke Ekelgefühle. Die Rettung liegt darin, diese Speise wieder auszubrechen. Schon beim Anblick oder Geruch dieser Speise bei einer nächsten Gelegenheit entsteht ein starker Widerwille, ein ekeliges Gefühl.

Wenn Kinder sich ekeln, ist dies also zunächst einmal normal und gut. Dies ist ein Zeichen dafür, dass sie in ihren spontanen emotionalen Reaktionen Unbekömmliches ablehnen. Nun gibt es aber wie bei allen Gefühlen auch beim Ekel die Eigenschaft, dass diese Gefühle nicht nur in ihrer ursprünglichen Wirkung, in diesem Fall als Schutz, auftreten, sondern Probleme machen, die einer genaueren Betrachtung wert sind.

Fast jedes Kind ekelt sich auch vor manchen Speisen, Gegenständen, Stoffen oder Gerüchen, die nicht gefährlich für es sind, auf die es nicht im medizinischen Sinn allergisch reagiert. Julia ekelt sich vor Nudeln, Leon vor Käse, Emma vor dem alten Pelzmantel, Tim vor Erdbeereis. Der entscheidende Impuls dieses Ekelgefühls ist der Widerwille. Das »Ich mag das nicht«, steigert sich über den Widerwillen zum Beispiel gegen das Erdbeereis hin zu einem Ekelgefühl. Dass sich das Ekelgefühl an bestimmten Speisen und Gerüchen festmacht, ist bei fast allen Kindern zu beobachten und kein besonderes Drama – es sei denn, Kinder werden dazu gezwungen, diese Ekelgefühle zu unterdrücken beziehungsweise etwas gegen ihren Willen zu sich zu nehmen.

Dramatischer können die Folgen der Art und Weise werden, wie auf das Ekelgefühl körperlich reagiert wird. Das beobachten wir vor allem, wenn der Ekel sich auf unbekömmliche und giftige Nahrung im übertragen Sinne, also auf giftige Atmosphären, unbekömmliche Erfahrungen und Menschen bezieht. Der spontane körperliche Impuls, der mit dem Ekelgefühl verknüpft ist, besteht darin, sich sichtbar und abwehrend abzuwenden. Damit kann ein Brechreiz verbunden sein, der, wie gesagt, ursprünglich eine Notreaktion des Körpers gegen zu sich genommene widerliche und gefährliche Speisen ist. Wen es ekelt, der wird für eine Weile gar keine Speisen zu sich nehmen, bis das Ekelgefühl abgeklungen ist. Wenn sich dies bei Kindern, Jugendlichen oder jungen Erwachsenen verselbstständigt, kann daraus eine Essstörung entstehen. (Wir wagen an dieser Stelle diesen Erklärungsversuch, auch wenn wir wissen, dass Ekelgefühle nur ein, wenn auch ein wichtiges, Element innerhalb des komplexen Gefüges der Essstörungen sind.) Entweder nehmen sie nun fast gar keine Nahrung mehr zu sich oder die Nahrung wird, oft nach Heißhungerattacken, wieder erbrochen. Hier bezieht sich der Ekel nicht mehr nur auf bestimmte Nahrungsmittel, sondern auf die Nahrungsaufnahme insgesamt. Ja, der Ekel reicht noch weiter: In den Therapien zeigt sich, dass Menschen mit Essstörungen unserer Erfahrung nach an einer Störung des Selbstverständnisses, der persönlichen Identität leiden. Die betroffenen Kinder und Jugendlichen beziehungsweise jungen Erwachsenen ekeln sich nicht nur vor der Nahrungsaufnahme, ihnen sind wesentliche Teile ihres Lebens oder des Zusammenlebens mit anderen zuwider. Häufig liegen traumatische Erfahrungen zugrunde, oft verbunden mit sexueller Gewalt, die ihnen gegen ihren Willen passiert sind, die sie als ekelerregend erlebt haben und die tiefe Spuren hinterlassen haben. Auch andere Erfahrungen von Abwertung, Ohnmacht, Hilflosigkeit, Überforderung, Verrat, Schuld, hineingefressenem Zorn, von Grenzüberschreitung, von Gift und Unverträglichkeiten, die auch im übertragenen Sinne »geschluckt« werden mussten, können zugrunde liegen. Das kann dazu führen, dass sich der Ekel auf einen Widerwillen gegen die eigene körperliche Identität ausweitet. Hier bedarf es unbedingt der therapeutischen Hilfe, um gemeinsam mit den Betroffenen herauszufinden, was in ihrem Leben »unbekömmlich« ist und welche Wege es gibt, um aus dieser Not herauszukommen.

Viele Menschen, Kinder wie Erwachsene, bekämpfen Ekelgefühle damit, dass sie mehr essen. Indem sie sich vollstopfen, werden die Ekelgefühle betäubt, zumindest eine Zeit lang. Ähnliche Funktionen kann Rauchen, Alkohol oder Drogenkonsum haben. Fast alle Menschen kennen den Impuls, dass sie, wenn sie zu viel Süßes gegessen haben, danach etwas Herzhaftes zu sich nehmen müssen. Anschließend brauchen sie vielleicht wieder etwas Süßes, und so geht es fort. Wenn sich diese Reaktion verselbstständigt, entsteht schleichend ein suchtartiges Essverhalten. Der Wettlauf mit dem Ekel, der entsteht, wenn Ekelgefühle mit neuer Nahrungszufuhr überdeckt werden sollen, ist auf Dauer nicht zu gewinnen. Auch hier gilt es herauszufinden, was für die betreffenden Kinder unbekömmlich ist und wie sie damit anders fertig werden können, als sich mit Essen zu betäuben. In keinem Fall halten wir das für ein nur medizinisch zu lösendes Problem. Es hilft auch nicht, allein an Disziplin, Veränderungs- oder Lebenswillen und Ähnliches zu appellieren. Die Not muss ernst genommen werden mit einem tiefen Verständnis dafür, dass Ekelgefühle nicht »freiwillig« gefühlt werden und Kinder und Jugendliche Hilfe brauchen, um zu identifizieren, was in ihrem Leben für sie unbekömmlich, ja giftig ist.

Sich bedrückt und gelöst fühlen

Druck zu haben ist kein Gefühl, sondern ein Befinden, das die gesamte emotionale Welt eines Kindes beeinflussen kann. Doch bevor wir vom Druck reden, widmen wir uns dem Gegenteil. Wir und viele andere Erwachsene können von Kindern lernen, wie es ist, sich gelöst zu fühlen. Unbefangen zu sein, spontan zu lachen, sich hinzugeben und in einer Geschichte, einem Buch, einem Spiel zu versinken, albern zu sein, konzentriert und präsent einer erzählten Geschichte zu lauschen und dann wieder mit der Aufmerksamkeit mal hierhin und mal dorthin zu schweifen, planlos und frei – all diesen und vielen anderen Ausdrucksformen des Gelöstseins begegnen wir bei Kindern. Hier sind sie Vorbild für viele von uns Erwachsenen, die wir viele dieser Regungen unter dem Druck der Mühen des Alltags verlernt haben.

Doch auch Kinder kennen den Druck, auch Kinder können das Gelöstsein verlernen. Der Druck, den Kinder fühlen, zeigt oft ein ähnliches Gesicht wie der der Erwachsenen: Sie wirken bedrückt, manchmal niedergedrückt, oft angespannt und innerlich eingeengt. Dass Kinder sich bedrückt fühlen, muss nicht ein Ergebnis direkten Druckes eines oder mehrerer Erziehender sein, in dem Sinne, dass dem Kind gesagt wird: »Du musst dieses oder jenes tun, sonst …« Mit solchem Druck können Kinder meistens einigermaßen souverän umgehen. Dazu können sie sich verhalten, können ausweichen oder folgen, können zürnen oder ängstlich sein. Sicherlich kann auch ein solcher Druck die Persönlichkeit eines Kindes brechen, wenn er zu stark wird, oder er kann es zumindest einengen und niederdrücken. Heimtückischer ist oft der andere Druck, der nicht so sichtbar, nicht so greifbar, nicht so genau zu identifizieren ist. Alle als negativ erlebten Gefühle oder Stimmungen können, wenn sie längere Zeit anhalten und das Befinden eines Kindes prägen, Druck ausüben. Wenn ein Kind immer ins Leere geht oder sich verraten fühlt, wenn es erfährt, dass es alles falsch macht und falsch ist, dann führt dies zu einem chronischen Druck. Sich verantwortlich zu fühlen kann ebenfalls bedrücken. Wenn ein Kind denkt, es müsse seine Mutter vor dem Krebs oder den Vater vor dem Alkohol oder die Ehe der Eltern retten, dann ruft dies starken Druck hervor. Auch manche Erwartungen, ausgesprochene oder unausgesprochene, bedrücken: »Du musst in der Schule besser sein als alle anderen.« Oder: »Gut zu sein, der Beste zu sein ist das Mindeste.« Oder: »Du bist die Praktische in unserer Familie, deine Schwester die Kluge.« Oder: »Wir sind anders als andere.« Es gibt Erwartungen von Eltern, bei denen Kinder von vornherein keine Chance haben, sie zu erfüllen. Ein Kind hörte häufig den Satz: »Wir tun so viel für dich und opfern uns auf – das kannst du nie wiedergutmachen.« Was nach solchen Sätzen bleibt, ist purer Druck.

Manche Kinder stehen unter Druck, weil sie keine Zeiten haben, in denen sie Ruhe finden oder Spielräume genießen können. Am Montag der Sportverein, am Dienstag Ballett, am Mittwoch Reiten, am Donnerstag die Lieblingssendung im Fernsehen, am Freitag Flöten und immer noch die Hausaufgaben dazu – das kindliche Leben ist verplant, es gibt keine Freiräume, keine Spielräume. Was bleibt, ist Druck.

Manche Kinder tragen so schwer an der Last des Drucks, dass sie sich selbst in typisch kindlicher Umkehrung als lästig empfinden. Für manche Kinder ist der Druck, den sie verspüren, so unzumutbar, dass sie sich als Zumutung empfinden und sich immer klagloser der Erfüllung ihrer Pflichten und Aufgaben widmen, bis sie »nicht mehr können« und depressiv oder aggressiv werden oder mit Krankheiten reagieren.

Wenn Kinder bedrückt sind, brauchen sie Entlastung: Dann haben die Erwachsenen die Verantwortung, Lasten von den Schultern der Kinder zu nehmen. Worin diese Lasten bestehen, ist bei jedem Kind verschieden und muss individuell identifiziert werden. Dies kann Mühe bereiten und Zeit benötigen, Zeit, zu suchen, und Zeit, auszuprobieren. Denn Kinder haben sich manchmal an den Druck und an ihr Bedrücktsein gewöhnt und können selbst gar nicht herausfinden, was sie bedrückt. Spüren sie aber, dass die Suche nach dem Druck ernst gemeint ist, und erfahren sie, dass das Bemühen, sie zu entlasten, ehrlich ist, dann sind Eltern, Therapeut_innen und weitere Erziehende häufig überrascht, wie genau Kinder wissen, was ihnen »zu viel« ist und wovon sie »zu wenig« bekommen.

Trauer

Als Lilly die Nachricht erhielt, dass ihre Großmutter gestorben war, weinte sie bitterlich. Die Mutter nahm sie in den Arm, beide weinten gemeinsam. Am Abend nach der Beerdigung saßen sie zusammen und erzählten Geschichten von der Oma, die in ihren letzten Lebensjahren manchmal ein wenig verwirrt gewesen war. Als Lilly erzählte, wie die Oma immer mit den Blumen geredet hatte, wenn sie zu Besuch bei ihr war, und sie einmal mit dem Gummibaum verwechselte, mussten beide lachen.

Trauer ist das Gefühl des Loslassens. »Ich bin traurig, weil der Papa weg ist.« »Ich bin traurig, weil wir umgezogen sind.« »Ich bin traurig, weil meine Freundin weggezogen ist.« »Ich bin traurig, weil ich nicht mehr in der alten Klasse bin.« »Ich bin traurig, weil mich der Philipp heute gar nicht angeguckt hat.« Kinder haben viele Anlässe, bei denen sie loslassen müssen. Trauer ist das Gefühl, das diesen Prozess des Loslassens begleitet. Lillys Beispiel zeigt, was Kinder dafür brauchen: Sie müssen einbezogen sein in Trauer und Schmerz, sie müssen das Loslassen und all die begleitenden Gefühle mit anderen teilen können. Und sie müssen darüber reden können, über das, was war, über das, was ist, und das, was sein wird, sich den Schmerz »von der Seele reden«.

Doch nicht immer gelingt der Prozess des Loslassens. Allzu selten gehört Trauer zu den Gefühlen der Kinder, die selbstverständlich sind und sein dürfen.

Melanie erzählte in der Therapie, nachdem sie ein Bild mit einem Gesicht gemalt hatte, das unter vielen Bäumen hervorlugte: »Ich bin traurig darüber, dass Oma Lotte gestorben ist.« Und ihre Augen füllten sich mit Tränen. Ihre Großmutter war schon vier Jahre tot und dies war die erste Äußerung des Trauerns. Bei der Beerdigung war sie nicht dabei, denn die Eltern wollten dem Kind die Trauer um die Lieblingsoma ersparen. Viele Eltern versuchen, ihre Kinder vor dem Schmerz des Trennens zu bewahren – und sie scheitern. Oft schützen sie nur sich selbst davor, ihrer Trauer und ihrem Schmerz freien Lauf zu lassen, und verpacken dies in die Absicht, das Kind nicht zu überfordern. Doch gerade die versteckte Trauer überfordert die Kinder, die niedergehaltene und unterdrückte Trauer, der Schmerz, der nicht lebendig werden darf. Denn Kinder trauern genauso, wie dies Erwachsene tun können. Und Kinder spüren Schmerz und Trauer auch hinter der Fassade der Gefühllosigkeit oder einem Spruch wie zum Beispiel »Das Leben geht weiter«! Wer Kindern auf diese Weise etwas ersparen möchte, unterrichtet sie nur darin, dass Tränen schlecht und gezeigte Schmerzen falsch sind, dass Trauer nicht gezeigt werden darf, sondern zurückgehalten werden muss. Eltern und andere Erziehende sind auch Vorbild, wie mit der Trauer umgegangen wird.

Viele Erwachsene können die Trauer und den Schmerz von Kindern nicht aushalten und versuchen, von der Trauer abzulenken. Dafür müssen dann neue Barbiepuppen oder Computerspiele herhalten oder ein Eis oder ein McDonald's-Besuch.

Und manchmal ist es ja auch wirklich schwer, sein Kind nicht so glücklich zu sehen, wie man es sich von ganzem Herzen wünscht.

All dies führt dazu, dass Kinder verstummen. Sie ziehen sich mit ihren Gefühlen in sich zurück und machen ihre Trauer mit sich allein aus. Wenn ihnen dies nicht gelingt, dann schieben sie es vielleicht auf ihr Unvermögen, was darin münden kann, sich für falsch zu halten. Selbstverständlich können Erwachsene, die in ihrer Trauer stecken bleiben, Kinder auch überfordern. Eine Großmutter, die jeden Morgen beim gemeinsamen Frühstück über den Tod ihres Sohnes weint, als hätte nur sie einen Verlust zu beklagen, kann sehr wohl die hinterbliebene Ehefrau und deren Kinder überfordern. Aber hier überfordert nicht das Trauern, sondern die einseitige Reklamation der Trauer, die die anderen ausschließt und in einer Gefühlswelt und Atmosphäre der Einsamkeit versinken lässt. Ein Schmerz, der geteilt wird, überfordert nicht, sondern hilft auf dem Weg des Loslassens. Nicht das Loslassen, sondern die Unfähigkeit, loszulassen, das Steckenbleiben im Schmerz, überfordert. Hier brauchen Kinder Unterstützung dabei, ein wenig auf Distanz zu gehen, um sich aus dieser Atmosphäre zu lösen und den eigenen Weg des Trauerns und damit des Loslassens zu finden.

Einen solchen Weg zurückzulegen braucht Zeit. In dieser Phase sind Kinder manchmal still, manchmal sehr erregt, oft auch trotzig, aggressiv oder abwehrend. Darunter schlummert im Verborgenen die Trauer, tobt der Kampf zwischen der Notwendigkeit, loslassen zu müssen, und dem Wunsch, dies nicht zu brauchen.

Manche Kinder sind »nah am Wasser gebaut«, näher als andere vielleicht, denen das offensichtliche Traurigsein schon verloren gegangen sein mag. Sie sind empfindlich und empfindsam und werden leider oft als überempfindlich und als Heulsusen beschämt und abgestempelt.

Trauernde Kinder brauchen Trost. Der beste Trost besteht darin, einfach da zu sein und die Trauer zu teilen, über das zu sprechen, was sie zurücklassen, um so im Herzen und im Geist wieder Platz zu schaffen für Neues. Oft ist es hilfreich, mit Kindern darüber zu sprechen, dass sie zwar unwiederbringlich eine Person, eine Freundschaft, eine Lebensweise oder etwas anderes, was vielleicht in den Augen und nach dem Maßstab der Erwachsenen kein großer Verlust ist, verloren haben, dass aber manches bleibt, bleiben kann und bleiben darf, als Erinnerung und als kostbare Erfahrung im Herzen. Und immer wieder gilt es, ihnen zu sagen, dass sie nicht schuld sind an dem Verlust.

Scham

Das Wort Scham beschreibt eigentlich zwei Gefühle, die sich in verwirrender Weise gleichen oder zumindest ähnlich anfühlen, aber eine sehr verschiedene Wirkung haben: die natürliche Scham und das Beschämtwerden.

Beginnen wir damit, die natürliche Scham der Kinder genauer zu betrachten. Der 17-jährige Sohn möchte nicht, dass sein Telefongespräch mit der Freundin mitgehört wird. Er hat nichts zu befürchten, aber es wäre ihm peinlich. Die elfjährige Sandra hört von ihrer Freundin einen Witz und lacht. Sie lacht so laut, dass die Lehrerin aufmerksam wird und fragt: »Was gibt es denn da zu lachen? Lass uns mal mitlachen.« Doch Sandra errötet und bringt kein Wort heraus. Der Austausch von Witzen gehört nur zu ihrer Freundin und ihr, ist nichts für die Lehrerin und nichts für die gesamte Klasse. Der kleine Pascal hat nachts nach längerer Pause wieder einmal ins Bett gemacht. Er wird nicht ausgeschimpft, er braucht vor nichts Angst zu haben, doch er schämt sich. Allen drei Beispielen ist gemeinsam, dass die Scham der Verteidigung dient: Sie schützt den intimen Raum eines Menschen, also all das, was in jedem Menschen als besonders kostbar und schützenswert erlebt wird. Sie tritt auf, wenn dieser intime Raum an die Öffentlichkeit zu geraten droht oder öffentlich geworden ist, wie bei Pascal. Wir bezeichnen deshalb die Scham als Wächterin des intimen Raums. Dies gilt für Kinder wie für Erwachsene. In jedem Alter ist Intimität ein hohes Gut, das Schutz verdient.

Was jeweils zum intimen Raum zählt, ist je nach Alter und von Kind zu Kind unterschiedlich. Da ist der fünfjährige Junge, der ungeniert in der Öffentlichkeit an seinen Geschlechtsteilen kratzt, aber vor tiefer Scham rot anläuft, wenn die Mutter Gästen ein Bild zeigt, das er gemalt hat. Seine

Schwester hingegen schließt sich immer im Badezimmer ein, ist aber freigiebig mit der Darbietung ihrer künstlerischen Fähigkeiten, indem sie zum Beispiel gerne und laut, selbst vor Fremden, singt (wobei ihr Bruder schon beim Zuhören vor Scham versinken mag). Solche Unterschiede mögen auch geschlechtsspezifisch sein, wir erleben allerdings auch starke Unterschiede innerhalb der Gruppe der Jungen und der der Mädchen.

Im Prozess des Älterwerdens entwickelt sich die Scham bei den meisten Kindern wellenförmig, sie steigt und sinkt und steigt und sinkt und erreicht bei fast allen einen Höhepunkt während der Pubertät. Hier entwickelt sich Intimität neu. Der Junge, der spürt, dass er zum Mann, das Mädchen, das spürt, dass es zur Frau wird, erleben sich als neue, vor allem als neu werdende Person. Das Alte ist nicht mehr richtig, das Neue noch nicht vollständig. Dieser Prozess des Übergangs schafft Unsicherheit und führt dazu, dass mehr und andere Lebensäußerungen als in den Jahren zuvor Intimität benötigen, wie bei dem 17-Jährigen und bei Sandra, von denen vorhin die Rede war. Die Nachbarin nach Zucker zu fragen kann ebenso Scham hervorrufen wie das Kompliment des Vaters. Jeder Blick, jede Geste, jede Handlung ist von Scham bedroht. Eltern und andere Erziehende müssen dies wissen und sollten entsprechend behutsam sein, in der sicheren Gewissheit, nicht alle Schamfallen umgehen zu können. Und sie müssen wissen, dass, wenn ihre Kinder sich zieren oder sich weigern, bestimmte Dinge zu tun, fast immer die Scham dahintersteckt.

Oft schämen sich Kinder dafür, dass sie sich schämen, und können wegen der Scham vor der Scham ihre Scham nicht benennen.

Ist die natürliche Scham eine normale und wie alle Gefühle nützliche Wegbegleiterin der Kinder, so gilt dies für die Beschämung nicht. Diese verletzt und kränkt. Beschämung entblößt, dringt in den intimen Raum ein, zerrt Geheimes oder vermeintliche Unzulänglichkeiten ans Licht der Öffentlichkeit, missachtet Grenzen. Da wird das Tagebuch der Tochter gelesen und beim Mittagstisch zitiert, da ruft der Englischlehrer einen Schüler mit den Worten an die Tafel: »Kai, komm mal vor und zeig uns, was du mal wieder alles nicht kannst.« Da leidet die vierjährige Sarah darunter, dass sie von den älteren Jungen in ihrer Kindergartengruppe immer ausgelacht wird. Sie weiß nicht einmal, warum, bezieht das aber darauf, dass sie meint, so »klein und doof« zu sein. Viele Kinder, mit denen wir therapeutisch arbeiteten, wurden beschämt. Viele Erwachsene, Männer wie Frauen, erzählen von massiven Beschämungserfahrungen in ihrer Kindheit.

Das Vertrackte an der Beschämung ist, dass sie sich zuerst einmal genauso anfühlt wie die natürliche Scham, sodass die Betroffenen selten in der Lage sind, beides auseinanderzuhalten. Wenn wir Kindern den Unterschied erklären, in einer Sprache und mit Beispielen, die sie verstehen, ist für sie die Unterscheidung sehr verständlich. Mögen sich auch anfangs die natürliche Scham und die Beschämung gleich anfühlen, so ist der Nachklang und sind die Folgen dieses Gefühls unterschiedlich. Beschämung hat meist einen bleibenden schlechten Nachgeschmack. Wiederholt sie sich oder ist sie so tiefgreifend, dass sie das Kind in seinen Grundfesten erschüttert, dann kann die Fähigkeit des Kindes, flexibel mit seinen Schutzgrenzen umzugehen, nachhaltig beeinträchtigt werden. Fällt die Scham als Wächterin der Grenze des intimen Raums aus, weil die Beschämung unerträglich geworden ist, verlieren manche Kinder und Jugendlichen das Gefühl, überhaupt solche Grenzen zu haben. Sie werden schamlos. Andere Kinder errichten anstatt der Schamgrenzen eine Berliner Mauer um sich herum, ziehen sich zurück, verbarrikadieren sich. Sie hoffen, hinter ihren Barrikaden unverletzlich und vor allem unbeschämbar zu werden.

Die Fähigkeit, sich zu schämen und damit auch die Grenzen des intimen Raums zu spüren, kann wiedergewonnen werden. Aber dies ist kein einmaliger Akt, sondern ein Erfahrungsprozess, in dem allmählich Vertrauen in sich selbst und andere aufgebaut und gefestigt werden muss. Wenn Kinder hinter ihren Barrikaden hervorlugen oder gar hervorkommen, sind sie zuerst einmal misstrauisch. Wenn es für sie zu bedrohlich wird oder nach Beschämung »riecht«, wie ein Junge einmal sagte, verschwinden sie schnell wieder hinter ihren Barrikaden. Der Prozess, wieder Vertrauen zu gewinnen und sich die Scham als nützliches Gefühl erneut anzueignen, ist ein Prozess mit vielen Auf und Ab und Vor und Zurück. Wenn Kinder schamlos geworden sind, weil sie durch Übergriffe in ihren intimen Raum das Gespür für ihre Grenzen verloren haben, ist es zunächst einmal wichtig, dass ihnen dies jemand sagt und erklärt, was passiert ist. Auch Kinder wollen verstehen, was mit ihnen »los« ist. Diese Kinder brauchen Erwachsene, die die eigenen Grenzen respektieren und die der Kinder ebenso. Die Kinder werden testen und provozieren, ob diese Sicherheit wirklich gegeben ist oder ob die betreffenden Erwachsenen auch zu Grenzverletzern werden. Doch unabhängig davon, wie die Schamgrenzen der Kinder verletzt wurden, immer muss die Unterscheidung zwischen natürlicher Scham und Beschämung am Anfang des Heilungsprozesses stehen, immer muss die Beschämung verurteilt und müssen Wege zu ihrer Abwehr gesucht werden, um der natürlichen Scham zu ihrem Recht zu verhelfen.

Hilflosigkeit und Hilfsbereitschaft

Alle Kinder, mit denen wir in der Therapie gearbeitet haben, waren zumindest in mancher Hinsicht hilflos.

Keines dieser Kinder konnte in Worten ausdrücken, dass es hilflos war, oder gar, wo es Hilfe brauchte. Jedes dieser Kinder zeigte seine Hilflosigkeit ohne Worte, durch Krankheiten und sogenannte »Störungen«, durch Verhaltensänderungen und Entwicklungsverzögerungen.

»Ich weiß nicht weiter«, »Papa, ich brauche deine Hilfe«, »Frau Müller, ich brauche Ihre Unterstützung« – wenn Kinder dies sagen können, dann ist das wunderbar. Wir freuen uns zutiefst, wenn wir von Kindern solche Äußerungen hören. Denn selbstverständlich brauchen Kinder Hilfe. Pädagogik, Kindergarten, Schule, Therapie – all das ist darauf ausgerichtet, Kindern beim Heranwachsen zu helfen. Dieses gewaltige System der Unterstützung unterstellt, dass Kinder Hilfe brauchen, also auch, dass sie oft hilflos sind. Worin und wobei die Kinder Hilfe brauchen, bestimmt sich leider oft mehr vom Standpunkt der Erwachsenen, von ihrer Sicht der Hilfsbedürftigkeit als von der Not der Kinder. Wichtig ist daher, dass Kinder ihre Bedürftigkeit äußern können und Vertrauen dahinein setzen, dass ihnen geholfen wird.

Aber wie wenige Kinder haben dieses Vertrauen, wie selten können Kinder ihre Hilflosigkeit äußern. Einer der Gründe dafür sind die fehlenden Vorbilder. Die Hirnforscher sagen, dass wir Menschen hauptsächlich anhand von Vorbildern lernen und darüber, selbst Verhaltensweisen auszuprobieren. Welche Vorbilder im Hinblick auf die Hilflosigkeit haben Kinder heutzutage? Wann hören sie von Erwachsenen den Satz: »Ich bin hilflos, ich weiß nicht weiter.« In welchen Fernsehserien, in welchen Kinofilmen hat Hilflosigkeit ihren Platz? In welchen Kinderbüchern, Comics oder Mangas?

Wir sprechen hier nicht von der »lauten« Hilflosigkeit, in der ein Opfer vor dem Täter oder der Täterin davonrennt und um Hilfe schreit, sondern von der eher »leisen« Hilflosigkeit, die sich ganz unspektakulär im Kind einschleicht und breitmacht.

Die achtjährige Lea schreckt nachts auf, weil sie hört, wie die Eltern sich anbrüllen. Sie steht auf, rennt zu ihnen hin und muss mit ansehen, wie sie sich gegenseitig blutig prügeln. Sie schreit: »Hört auf!«, und rennt, als die Eltern nicht auf sie achten, nicht aufhören, aufeinander einzuschlagen, zur Nachbarin, um Hilfe zu holen. Als die Nachbarin endlich mit ihr ins Elternhaus kommt, sitzen beide »friedlich« am Tisch. Die Mutter sei leider gefallen, das habe wohl ein wenig Krach gemacht. Geprügelt? Nein, das hätten sie sich nicht; so etwas komme gar nicht infrage. Das müsse sich die Kleine ausgedacht haben; sie neige manchmal ein wenig zur Spinnerei. Die Nachbarin möge ihr das nicht übel nehmen.

So war das beim ersten Mal. Beim zweiten, dritten und zehnten Mal schreckte Lea nachts immer noch hoch, rannte immer noch zu Mama und Papa – und erstarrte in Hilflosigkeit und ertrank in unendlichem Kummer. Aus der »lauten« war eine »leise« Hilflosigkeit geworden, ein Gefühl, das sie, verbunden mit dem Gefühl, »verrückt« zu sein, ihr Leben lang begleitete und niederdrückte.

»Leise« Hilflosigkeit ist ein Tabu. Ausnahmen mag es sicher geben, doch man kann mit Fug und Recht sagen: Hilflosigkeit findet in der Öffentlichkeit nicht statt. Kinder finden selten Vorbilder, die Hilflosigkeit äußern und Hilfe suchen. Stattdessen sagen die Vorbilder: Es gilt, durchzuhalten, es gilt, Leistung zu erbringen, es gilt, so zu tun, »als ob«. Dies ist der zweite Faktor, der die Hilfesuche vieler Kinder erschwert: Sie entspricht nicht der gesellschaftlichen Norm. Leistung ist Stärke, Hilflosigkeit ist Schwäche, Leistung ist gut und wird anerkannt.

Ein drittes Hindernis, Hilflosigkeit zu äußern und Hilfe zu suchen, besteht darin, dass viele Kinder bei solchen Versuchen enttäuscht wurden. Ihre Hilferufe wurden nicht gehört, weil die Erwachsenen anderweitig beschäftigt waren. Oder sie wurden mit Floskeln abgetan, wie: »Das schaffst du schon.« Wer mit seinen Bemühungen, Hilfe zu suchen, ins Leere geht, resigniert oder schämt sich, nicht allein »klarzukommen«.

Die Hilflosigkeit wird folglich versteckt und meidet die Öffentlichkeit. Doch sie äußert sich in anderer Weise. Das Coping, also die Bewältigungsstrategie für ein Leiden oder eine andere Art der Überforderung, besteht normalerweise darin, dass Kinder äußern, wenn sie überfordert sind und Hilfe brauchen, und dass dieses Ersuchen gehört und Hilfe gewährt wird. Schwindet dieses Coping aus dem Repertoire der Kinder, bleibt dennoch das Gefühl der Hilflosigkeit, ein Gefühl, das unangenehm ist, das eigentlich laut ist und, wenn es nicht laut werden darf, innerlich schreit, ein Gefühl, das verletzlich macht und zum Außenseiter unter all den starken Menschen, die scheinbar keiner Hilfe bedürfen. Also suchen Kinder ein anderes Coping, eine andere Bewältigungsstrategie, um die Hilflosigkeit zu überspielen und die inneren Hilferufe zu übertönen. Wege können der Rückzug und das Verstummen sein, ein anderer, häufigerer Weg das aggressive Lautwerden, die überbordende Aggressivität. An anderer Stelle dieses Buches fordern wir, bei der Aggressivität und sogenannten Hyperaktivität ebenso wie bei vielen anderen Symptomen kindlichen Verhaltens auf den Subtext zu achten, auf das, was unter diesem Verhalten liegt. Wenn wir das tun, stoßen wir häufig auf die Hilflosigkeit.

Wir können es gar nicht oft genug wiederholen: Viele Symptome und sogenannte Störungen kindlichen Erlebens und Verhaltens sind Ausdruck von Hilflosigkeit und Not. Sie sind Rufe nach Hilfe. Auf diese Hilferufe müssen wir als Erwachsene, Erziehende und Therapeut_innen hören und unsere Hilfe anbieten, auch wenn die Kinder dies in Worten nicht (mehr) aussprechen können.

Alle Kinder, die wir privat oder in der Therapie kennenlernen durften, hatten, wenn sie es noch nicht verlernt hatten, ein schier unerschöpfliches Reservoir an Hilfsbereitschaft. Hilfsbereitschaft verlernt haben die Kinder, die die Erfahrung haben machen müssen, ausgebeutet und überfordert zu werden, denen die Freiwilligkeit genommen ist, die »nie genug« oder »immer alles falsch« machen. Die anderen hören auf Hilferufe ihrer Eltern und anderer ihnen lieben Menschen, auch wenn sie gar nicht ausgerufen wurden oder auch wenn den Erwachsenen ihre Hilfsbedürftigkeit nicht einmal bewusst war. Kinder versuchen mit all ihren Mitteln zu helfen: manchmal sichtbar, wenn sie Vorbilder darin haben, wie man bestimmten Menschen in bestimmten Situationen helfen kann (»eine gute Tat« zum Beispiel); viel häufiger auf eine Art und Weise, die sich nur demjenigen erschließt, der offen für die zarten, unorthodoxen, überraschenden Töne und Ausdrucksformen des Kindes ist und sich von ihnen berühren lässt.

So, wie wir Erwachsenen auf die »leisen« Hilferufe der Kinder hören lernen müssen, so ähnlich wichtig ist es, ihrer »leisen« Hilfsbereitschaft tätige Aufmerksamkeit zu schenken. Denn die grundsätzliche (!) Diskriminierung der Hilfsbereitschaft durch Ignoranz oder Beschämung beziehungsweise Ausbeutung hat ähnlich bedrückende Folgen wie das Überhören ihrer Hilferufe.

Ärger, Wut, Zorn, Trotz

Die aggressiven Gefühle der Kinder stehen bei den Erziehenden nicht hoch im Kurs. Friedlich und freundlich wünschen sich die meisten die Kinder, auf keinen Fall ärgerlich oder zornig, wütend oder trotzig. Doch auch selbstbewusst sollen sie sein und sich durchsetzen können. Allerdings gibt es das eine nicht ohne das andere. Ohne die Fähigkeit, Ärger, Zorn, Wut und Trotz zu fühlen und lebendig auszudrücken, gibt es kein Selbstbewusstsein bei Kindern und keine Fähigkeit, sich zu behaupten. Aggressive Gefühle sind spontane Impulse der Ablehnung: Ich will nicht den Spinat essen, ich will nicht mein Zimmer aufräumen, ich will nicht geschlagen oder beleidigt werden … Die Fähigkeit, »Nein« zu sagen, beginnt mit einem aggressiven Gefühl. Es muss nicht gleich der Zornesausbruch sein, auch der leichte Ärger ist ein »Nein« zu einem Verhalten oder einem Umstand, den ein Mensch nicht haben möchte. Wer nicht »Nein« sagen kann, kann auch nicht »Ja« sagen, sondern verbleibt im Diffusen, Unverbindlichen und kann sein Leben nicht gestaltend in die Hand nehmen, kann nicht anpacken. Deswegen ist es eine wertvolle Fähigkeit, aggressive Gefühle zu spüren und auszudrücken, weil sie die Orientierung im Leben und in Bezug auf die anderen Menschen ermöglicht.

Bei den meisten Kindern werden die aggressiven Gefühle deutlich sichtbar in der sogenannten Trotzphase, in der die Kinder das »Nein« üben. Dieses »Nein« kommt nicht vorsichtig und behutsam daher, sondern betritt mit einem Knalleffekt die Bühne im Leben des Kleinkindes. Die im unpassenden Moment herzende Oma wird weggestoßen, der ungeliebte Spinat wird auf dem Kleid der Mutter deponiert, und wenn der nach Zigarettenrauch riechende Vater das Kleinkind küssen möchte, wendet es sich entsetzt ab. Wurde früher der Trotz der Kinder unterdrückt und damit ihr erwachendes Selbstbewusstsein schon zum ersten Mal gebrochen, so geschieht dies heutzutage seltener, wird allerdings häufig von abwertendem Lächeln und Spott abgelöst: »Du bist ja wieder nur trotzig!« Doch dem Trotz gebührt Anerkennung, er verdient keine Abwertung, wie wir sie so oft von Kindern und Jugendlichen und selbst Erwachsenen hören: »Ich will nicht so trotzig sein.« Das Wort Trotz kommt von »trutzen«, als Begriff bekannt durch die mittelalterlichen Trutzburgen, und bedeutet nichts weiter, als sich zu wehren und sich zu schützen. Die Säuglinge und Kleinkinder sind allem, was auf sie zukommt, überwiegend schutzlos ausgeliefert, im Trotz erwacht ihre Fähigkeit, »Nein« zu sagen und ihr »Nein« deutlich zu zeigen. Dies geschieht unbeholfen und oft über das Ziel hinausschießend, ist selten angenehm, dafür oft peinlich für die Erwachsenen. Es ist aber in jedem Fall der erste Schritt in die Fähigkeit selbstständigen Bewertens, der erste Schritt, um im Leben eigene Interessen zu vertreten und sich zu behaupten.

Wir kennen viele Kinder, denen der Trotz und später auch andere aggressive Gefühle genommen wurden, indem Äußerungen solcher Gefühle bestraft oder abgewertet wurden. Manchen Kindern passiert das in einer aggressionsfreien Atmosphäre, in der sich alle bemühen, dem Ideal, keine aggressiven Gefühle zu leben, gerecht zu werden. Anderen Kindern widerfährt es in einer hochaggressiv aufgeladenen Atmosphäre, in der einzig und allein den Kindern jeder Ausdruck aggressiver Gefühle verboten ist. Doch die Impulse, zu bestimmten Lebensumständen »Nein« zu sagen, bleiben in den Kindern lebendig, unabhängig davon, welcher Druck ausgeübt wird. Diese Impulse dürfen nicht mehr nach außen kommen und finden erst recht keine Unterstützung. Die Flamme lodert bei vielen Kindern im Inneren, im Geheimen. Da Menschen, Kinder wie Erwachsene, andere brauchen, um durch den Wechsel von Bestätigung und Ablehnung die eigenen Haltungen zu klären, fehlt den Kindern etwas Entscheidendes. Wenn sich zum Beispiel ein Kind über das ungerechte

Verhalten eines Lehrers ärgert, dann verdient es parteiliche Unterstützung und Bestätigung. Erfährt es diese nicht, wird es einerseits den Ärger spüren, gleichzeitig aber an dem Sinn dieses Gefühls zweifeln und die Berechtigung seines Ärgers infrage stellen. Der Ärger auf den Lehrer kann umschlagen in Selbstärger, in diffuse Unsicherheit oder Scham darüber, dass man solche »bösen« Gefühle überhaupt hat. In scheinbar friedlichen Kindern und Jugendlichen kann ein solches Gemisch brodeln, das dann eventuell in Verhaltensweisen wie Drogenkonsum oder Selbstverletzungen seinen Ausdruck sucht. Was nun oft als Störung bezeichnet wird, ist eigentlich Resultat einer viel länger zurückliegenden Störung, es beruht nämlich auf dem Verbot aggressiver Gefühle und Gefühlsäußerungen.

Ein Resultat eines solchen brodelnden Vulkans können aggressive Wutausbrüche sein, in denen plötzlich jede Zurückhaltung gesprengt wird. Diese Wutausbrüche können allerdings verschiedene Ursachen haben. Der 13-jährige Sven flippte aus, als ihn seine vermeintliche Freundin im Beisein seiner Kumpels auslachte. Der neunjährige Marc bekam regelmäßige Wutausbrüche: Seine Eltern hatten jahrelang jedes sogenannte Borstigsein aus ihm herausgeprügelt und waren dadurch Vorbild geworden, Konflikte durch Wutausbrüche und Gewalttätigkeit zu »lösen«. Wenn Annika »austickte«, wirkte dies zwar wütend, dahinter stand aber die pure Hilflosigkeit. Immer wenn sie nicht mehr weiterwusste, geriet sie so in Not, bauten sich ihre Erregung und Spannung so sehr auf, dass sie sich in aggressiven Äußerungen entluden. Oft wirkt das Verhalten sogenannter hyperaktiver Kinder aggressiv und wütend, ist aber Ausdruck von etwas anderem, häufig der Überforderung, meist der Hilflosigkeit. Bei wiederholten und unkontrollierten Wutausbrüchen gilt es, auf deren Subtext zu schauen. Unter Subtext verstehen wir das, was unter der Wut liegt, wie eine Übersetzungshilfe in einem fremdsprachlichen Fernsehfilm. Nur wenn der Subtext solch aggressiver Wutausbrüche, wie zum Beispiel Hilflosigkeit, Einsamkeit und andere Überforderungen des Kindes, erkannt und angegangen wird, können diese Quellen der Wutausbrüche nachhaltig ausgetrocknet werden.

Eine weitere Besonderheit kindlicher aggressiver Gefühle sei noch erwähnt: der »heilige« Zorn. Zorn ist ein gerichtetes, aggressives Gefühl. Kinder können im Brustton tiefster Überzeugung und nachhaltig zürnen, zum Beispiel wenn sie sich gekränkt, gestört oder verraten fühlen oder wenn sie sich eine Sache leidenschaftlich zu eigen machen, wie zum Beispiel Aktivitäten zur Rettung eines vom Aussterben bedrohten Tieres. Dieser Zorn kann die Kinder ganz erfüllen, sie und ihr Verhalten »beseelen«. Der Zorn wird zur Leidenschaft und setzt Kräfte frei. An ihm wird deutlich, dass die Fähigkeit zu einem klaren und entschiedenen Nein auch eine Kraftquelle sein kann für ein Ja, für den Einsatz und die Verteidigung einer als gerecht erachteten Sache.

Quengeligkeit und »Hass«

Wenn Kinder herumquengeln, sind Erwachsene oft hilflos und versuchen dieses und jenes, um den Kindern (und sich selbst) zu helfen. Doch meistens erreichen sie die Kinder nicht, sie bewirken nichts. Diese Hilflosigkeit findet sich genauso bei den Kindern wieder. Quengelige Kinder sind oft kranke oder kränkelnde Kinder, die weder für ihr Befinden selbst ein Gespür noch einen Ausdruck dafür gefunden haben, den die Eltern oder andere Bezugspersonen »verstehen«. Wenn ein Kind quengelt, ist es unzufrieden, weiß aber nicht, warum es unzufrieden ist, oder kann zumindest die Unzufriedenheit nicht benennen, es findet keine Worte dafür. Quengeln ist Ausdruck des Gefühls ungerichteter Unzufriedenheit. Die Unzufriedenheit ist ungerichtet, weil sie kein Ziel und keine Richtung hat, sich nicht auf etwas bezieht, was man identifizieren und so auch ändern könnte. Da sie keine Richtung hat, streut sie in die gesamte Umgebung. Ein quengelndes Kind mag nichts und gar nichts. Da können Erwachsene noch so viel bieten.

Manchmal schaukelt sich die Quengeligkeit hoch und wird zur Aggressivität, manchmal explodiert sie sogar in Wutanfällen.

Die Mutter der fünfjährigen Leonie zum Beispiel bemüht sich um ihre quengelnde Tochter. Sie fragt immer wieder nach, was Leonie denn belastet. Sie erhält aber keine Antwort. Sie versucht, sie abzulenken, ihr etwas Gutes zu tun. Sie holt ein

Eis aus dem Kühlschrank, das Leonie sonst gern mag – aber nichts hilft. Irgendwann wird Leonie alles zu viel und sie stößt die Mutter weg und schreit: »Ich hasse dich!« Die Mutter ist erschrocken. Sie liebt Leonie doch und hat immer ein gutes Verhältnis zu ihr – und jetzt das!

Ein solcher Ausbruch erschreckt und verstört. Auch Leonie ist verstört und von sich selbst überrascht. So sehr wir immer dafür plädieren, die Gefühlsäußerungen von Kindern ernst zu nehmen, so eindeutig schlagen wir hier vor, einen Schritt beiseitezutreten. Die Äußerung »Ich hasse dich!« ist eine Explosion, die in diesem Zusammenhang fast nie von den Kindern wirklich so gemeint wird. In ihr drückt sich Zorn aus, in diesem Beispiel auch auf die Mutter, die nicht lockerlässt und es nicht besser weiß als Leonie selbst, was sie »hat«, aber auch auf sich selbst, dass sie mit der Situation nicht anders umgehen kann. In der Äußerung »Ich hasse dich!« schwingt Hilflosigkeit mit. Hier wird in Worten etwas zugespitzt, was im Herzen ein großes Kuddelmuddel unterschiedlicher Gefühle von Ärger, Unzufriedenheit, Hilflosigkeit und Überforderung bildet.

Auch Jens schreit seinen Vater an: »Ich hasse dich!« Die Familie zieht aus beruflichen Gründen in eine andere Stadt und der achtjährige Jens soll seine Schule wechseln. Das will er nicht. Er fühlt sich übergangen und protestiert. Auch wenn die Eltern die Not des Kindes anerkennen und ihn trösten wollen, bleibt die Entscheidung bestehen. Doch Jens möchte nicht seine vertraute Umgebung und seine Freunde verlieren. Deswegen ist er nicht nur unzufrieden, sondern verzweifelt. Sein Schrei »Ich hasse dich!« ist auch hier Ausdruck einer emotionalen Gemengelage von Unzufriedenheit, Verzweiflung, Zorn und vor allem Hilflosigkeit.

Was hilft? Beiden Kindern könnte verstehende Akzeptanz helfen. Der Vater sendet in mehr oder weniger wohlgesetzten Worten die Botschaft an Jens: »Ich verstehe, dass du den Umzug nicht willst. Und ich bin auch traurig, dass du deine Schulklasse und deine Freunde verlierst, UND es geht leider nicht anders.« Das große UND hilft, nicht sofort, aber auf Dauer. Nach einem halben Jahr, in dem die Eltern aufmerksam das Auf und Ab von Jens' Gefühlsleben begleitet haben, hat sich Jens mit der Situation arrangiert.

Die Mutter von Leonie versucht es ebenfalls mit dem UND. »Dass du sagst, dass du mich hasst, tut mir weh. UND ich verstehe, dass du irgendwie unzufrieden bist. Ich glaube, wir fühlen uns beide hilflos, UND ich versuche, herauszufinden, wie ich dir helfen kann. Ich hab dich lieb.« Manchmal müssen quengelnde Kinder eine Weile in Ruhe gelassen werden, damit sie sich beruhigen können. Andere brauchen eine feste Umarmung. Das hängt von der Situation und der Persönlichkeit des Kindes ab. Wichtig ist vor allem, zu wissen und zu akzeptieren, dass Unzufriedenheit und Hilflosigkeit hinter der Quengeligkeit stecken. Quengelnde Kinder brauchen manchmal Abstand, dürfen aber nicht alleingelassen werden.

Panik und Verzweiflung

Panik ist mehr als Angst. Dass Kinder zum Beispiel vor einer Klassenarbeit ängstlich sind, ist verbreitet. Doch manche Kinder geraten geradezu in Panik, wenn zum Beispiel die Mathematikarbeit bevorsteht. Diese Panik lähmt sie. Sie hindert sie daran, sich vorzubereiten, und sie blockiert das Denken, während sie versuchen, die Aufgaben zu lösen.

Panik ist eine extreme Angst. Sie ist ein Ausnahmegefühlszustand. Sie führt zu einem Gelähmtsein, in die Erstarrung, oder sie bewirkt das Gegenteil, eine extreme Unruhe. Sind Kinder im Gefühlszustand der Panik, dann gelingt das nicht mehr, was in einem Angstzustand durchaus noch gelingen kann: Sie können sich nicht mit den auslösenden Faktoren der Panik auseinandersetzen und sich auch nicht mit konkreten Wegen der Bewältigung beschäftigen, nicht einmal dann, wenn sie das Angebot der Unterstützung von Erwachsenen haben. Panik macht blind und vernebelt und verbirgt das, was die Panik auslöst, beziehungsweise das, was die Panik auszulösen scheint. Denn oft bieten sich zwar konkrete Anlässe an, die die Kinder und Jugendlichen in den Ausnahmegefühlszustand treiben, sei es eine Klassenarbeit oder Ähnliches, diese sind aber meistens nicht Erklärung genug für das Ausmaß an Not, in der wir Erwachsenen die Kinder erleben. Da hilft es, danach zu suchen, welche früher gemachten Erfahrungen eine Quelle solcher Panikattacken sein könnten. Ein panisches Verhalten vor einer Klassenarbeit zum Beispiel muss gar nichts mit dieser konkreten Situation zu tun haben, nicht einmal mit leistungsbezogenen Schulerfahrungen. Ebenso kann beispielsweise selbst die wohlwollende Hilfe und Unterstützung von Eltern oder durch Nachhilfelehrer_innen einen Erwartungsdruck auf Kinder ausüben, dem sie mit all ihrer Kraft entsprechen wollen und dem sie sich dennoch nicht gewachsen fühlen. Schon kleine Kinder können in Panik geraten, wenn sie zum Beispiel überfordert sind und ihren Kindertagesstättenalltag als eine einzige Reizüberflutung erleben. Möglicherweise spielen auch andere Erfahrungen der Beschämung oder Erniedrigung eine Rolle, nicht nur von Erwachsenen, sondern, oft besonders schmerzlich und schwer identifizierbar, von Gleichaltrigen, die in manchen Lebensphasen eine große Bedeutung haben und sich oft auf Merkmale beziehen, die zu ändern nicht in der Macht der Kinder steht, wie Temperament, Aussehen, Stimme, Behinderung, Hochbegabung, Unsportlichkeit … Manchmal sind es traumatische Gewalterfahrungen eines Kindes, die es in der Folge als eine Bedrohung erspürt, die in seinem Erleben »in der Luft liegt«, selbst wenn sie für andere nicht offensichtlich ist. Was ein Kind, eine_n Jugendliche_n, einen Menschen in Panik versetzt – das herauszufinden bedarf einer individuellen Quellen- und Spurensuche.

Dem Gefühlszustand der Panik nah verwandt ist die Verzweiflung. In der Verzweiflung wird die Panik zu einem kontinuierlichen Zustand. Wird die Panik zumeist für einen kurzen Zeitraum oder als eine Momentaufnahme erlebt, gleichsam einem Foto, so kann die Verzweiflung mit einem Film verglichen werden. Die starke Angst, die zur Panik wird, wird in der Verzweiflung gepaart mit Hoffnungslosigkeit und Resignation. Die Möglichkeiten des Kindes, die Situation zu bewältigen, stehen nicht mehr zur Verfügung, und das Kind hat keine Hoffnung, die Bedrohung zu bewältigen. Die Suche nach Hilfe und Unterstützung haben verzweifelte Kinder zumeist schon aufgegeben.

Fast nie können Kinder über ihre Verzweiflung sprechen. Sie verbirgt sich, ist aber oft atmosphärisch spürbar, wenn Eltern und andere Erziehende sich mit ihrem Herzen den Kindern öffnen. Verzweiflung führt oft zu einem sehr starken Rückzug und einer Erstarrung oder sie tobt sich in wilder Aggressivität aus. Manche Kinder schlagen wahllos um sich. Welche Quellen die Verzweiflung hat, muss wie bei der Panik individuell gesucht werden. Manche Kinder sind verzweifelt darüber, dass die Eltern sich getrennt haben, und sind sich nun »sicher«, dass sie niemand mehr liebt und lieben wird. Manchmal fühlen sie sich allein und alleingelassen oder sie scheitern daran, zum Beispiel eine depressive enge Bezugsperson wie Mutter oder Vater zu erreichen oder an eine andere Person, die eine wichtige Rolle in ihrem Leben spielt, heranzukommen.

Wenn Kinder in Panik oder akute Verzweiflung geraten, dann ist das eine Krise. In der Krise steht es nicht an erster Stelle, nach Ursachen zu suchen, sondern zunächst einmal ist das Kind zu stabilisieren und zu halten. Panik und Verzweiflung schreien danach, ein Kind zu umarmen und festzuhalten. Wenn dies nicht mit körperlicher Umarmung möglich ist, weil das Kind sich wehrt oder sich dadurch bedroht fühlt, dann gilt es, das Kind mit Worten, Blicken, Gesten zu umarmen. In der Verzweiflung und Panik fühlen sich die Kinder immer allein und alleingelassen. Sie blenden Hilfsmöglichkeiten aus, auch wenn sie bestehen sollten. Deswegen ist es wichtig, diesen Kindern zu vermitteln: »Ich bin für dich da. Hier und jetzt. So gut ich kann. Du bist nicht allein.« In welcher Weise sich das äußern kann, hängt von der Situation und den jeweiligen Kindern ab. Manchmal wirken solche Angebote relativ schnell. Oft brauchen sie Zeit, weil viele dieser Kinder die Erfahrung gemacht haben, dass sie doch wieder alleingelassen werden. Da müssen Eltern und weitere Erziehende durch. Es braucht Beharrlichkeit und Geduld in dem Angebot: »Ich bin für dich da! Ich passe auf dich auf!«

Staunen und Erschrecken

Düsseldorf, an einem warmen Juninachmittag. Ein Junge steht an der Hand seiner Mutter an einer viel befahrenen Straße und wartet mit ihr darauf, dass die Fußgängerampel grün wird und sie die Straße überqueren können. Der Junge zeigt auf ein vorbeifahrendes Auto und ruft: »Booooa! Ein Auto!« Er begleitet es mit einem Wenden seines Kopfes. Und wieder: »Booooa!

Ein Auto!« Und noch einmal und noch einmal. Er staunt. So unbekümmert und intensiv können nur Kinder staunen. Die meisten Erwachsenen haben das Staunen im Kampf mit den Widrigkeiten des Lebens schon lange verlernt.

Das Staunen der Kinder, zumal der jüngeren Kinder, ist offen und öffnend. Sie öffnen sich damit für Neues. Jedes Staunen enthält die Begegnung mit einem Wunder, mit etwas Wunderbarem, mit etwas, das verwundert.

Im Staunen lässt ein Kind etwas in sein Inneres hinein. Dadurch wird die Verwandtschaft mit dem Erschrecken so nahe. Auch der Schrecken dringt ein, allerdings ohne Einladung, überrumpelnd und überwältigend. Schrecken wie Staunen haben den Moment der Überraschung gemeinsam, das Plötzliche, das Abrupte.

Wenn Kinder schreckhaft werden, wenn in ihnen das Gefühl des Schreckens überhandnimmt, dann können sie sich gegen Bedrohliches nicht mehr hinreichend schützen. Manchmal sitzt ihnen »der Schrecken in den Gliedern«, weil sie Schreckliches erlebt haben. Oft mussten sie erfahren, dass sie immer wieder überfallartig überrumpelt wurden, Ereignissen ausgesetzt wurden, gegen die sie sich nicht schützen und auf die sie sich nicht vorbereiten konnten.

Solche Kinder brauchen Schutz, bedingungslosen und kontinuierlichen Schutz. Nur in einem geschützten Rahmen, der Sicherheit und Geborgenheit bietet, können die eigenen Grenzen und kann vor allem das Selbstvertrauen, sich in seinen Grenzen schützen zu können, wieder wachsen.

Kindern, die im Schreck erstarrt oder im immer wiederkehrenden Erschrecken verfangen sind, ist auch das Staunen abhandengekommen. Dieser Zusammenhang ist nicht verwunderlich, denn das Staunen beinhaltet ein emotionales Sichöffnen, während Erschrecken emotional verschließt. Wer staunt, lässt sich ein, wer staunt, lässt anderes, Neues, Fremdes, in sich hinein. Wer gegen den Schrecken und das Erschrecken ankämpft, will und kann das Risiko nicht mehr eingehen, Fremdes in sich einzulassen, mag es noch so verwunderlich und Bewunderung erheischend daherkommen.

Oft haben wir in der Therapie beobachtet, dass Kindern, die unter ihrem Schrecken oder ihrer Schreckhaftigkeit leiden, das Staunen hilft – nicht als Einziges, aber entscheidend. Wenn sie in Bereichen, für die sie sich interessieren und in denen sie sich geschützt fühlen, das Staunen wieder lernen – ganz gleich, ob über die Geburt eines Fohlens oder darüber, dass ihnen ein Fallrückzieher gelingt –, dann wird das, was in der Schreckhaftigkeit erstarrt ist, allmählich fließender, weicher. Dann können zumindest neben dem Schrecken Bereiche entstehen, in denen das Kind sich öffnen kann, Bereiche, die allmählich den Schrecken als grundlegendes Lebensgefühl verdrängen helfen.

Interesse und Neugier

Als Niklas aufhörte, sich zu interessieren und Interesse zu zeigen, merkte es zuerst niemand. Sein Leben verlief wie bisher. Er ging weiter zur Schule, schaute die Fernsehserien, die er vorher geschaut hatte, traf sich mit seinen Kumpels. Dass er innerlich nicht mehr beteiligt war, fiel kaum jemandem auf. Ein einmal angestoßenes Rad rollt lange weiter, bis es liegen bleibt. Für die Schule zwang er sich, zu lernen, vor allem, um seinen Eltern einen Gefallen zu tun. Dass er keine Bücher mehr las, fiel anderen lange Zeit nicht auf. Erst als er häufig schlechter schlief und oft gegen Ende der Nacht plötzlich aus dem Schlaf hochschreckte, bemerkten die Eltern, dass etwas nicht stimmte. Zunehmend wurde er nun apathischer, blieb an den Wochenenden morgens lange im Bett liegen, konnte sich zu nichts aufraffen. Die Fähigkeit, sich zu interessieren, war ihm abhandengekommen. Wie wichtig und welch grundlegendes Gefühl das Interesse ist, bemerken Menschen häufig erst, wenn es ihnen abhandengekommen ist oder zu schwinden droht.

Interesse ist ein sträflich unterschätztes Gefühl. Interesse ist das Gefühl, mit dem Menschen sich der Welt zuwenden. Interesse schafft Gerichtetsein und Hinwendung zu einer Person, einer Aktivität oder einem Gegenstand. Dies mögen das Reiten oder der Eishockeysport sein, Barbiepuppen oder der Geschichtsunterricht. Ich interessiere mich für etwas, das beinhaltet, dass ich mich dem Gegenstand meines Interesses zuwende, meine Aufmerksamkeit dorthin lenke und entsprechende Aktivität entwickle. Das Interesse ist das Gefühl, das der Motivation und dem Handeln zugrunde liegt. Schwindet dieses Gefühl, sinkt die Motivation und damit die Fähigkeit zur Aktivität. Deswegen besteht ein Kern der Depression im Schwinden des Interesses.

Ob sich ein Kind nun für dieses oder jenes interessiert, ist zweitrangig – wichtig ist, dass es sich interessiert und dass es sich interessieren darf. Kinder erschließen sich die Welt und richten ihre Aufmerksamkeit mal in diese und mal in jene Richtung. Ihr Interessieren ist Teil einer Suchbewegung, einer Entdeckungsreise. Hier Beständigkeit, Eindeutigkeit, Klarheit zu erwarten ist illusorisch, diese zu fordern ist für das Kind schädlich. Oft stöhnen Eltern unter den Interessenwechseln ihres Kindes. Gerade erst wurden ein neuer Sattel und neue Reitstiefel angeschafft und nun ist Reiten »out«, sind die Musik-Hits »in«. Darüber kann man stöhnen, ja, sich auch ärgern. Doch Kinder sind so und haben – ob es uns Erwachsenen gefällt oder nicht – ein Recht auf Interessenwechsel. Kindheit beinhaltet das Recht auf umherschweifende Interessen.

Kindheit ist die Erlaubnis, ja Aufforderung, neugierig zu sein, auch wenn Eltern stöhnen, dass zum dreißigsten Mal am Tag die Frage gestellt wird: »Warum ist das so?« Neugier ist gesteigertes Interesse, ist ein Ausdruck intensivierten Interesses, mit dem Kinder sich die Welt erschließen. Das beginnt beim Krabbeln und Greifen in der sogenannten Explorationsphase des Krabbelalters, in der die Kleinen auf Entdeckungsreise gehen, und das endet hoffentlich nicht in der Neugier auf das andere oder gleiche Geschlecht, auf die Sexualität, auf die Welt der Erwachsenen. Neugierig zu sein ist ein Gefühl, das Erwachsene von Kindern wieder lernen können, wenn es ihnen abhandengekommen ist.

Begeisterung und Leidenschaft

Den Gefühlen der jüngeren Kinder mangelt es an Grautönen. Je jünger sie sind, desto entschiedener sind ihre Gefühle. Ja oder Nein, Zuneigung oder Ablehnung herrschen vor, Zwischentöne gibt es selten. Diese entwickeln sich erst mit zunehmendem Alter. Ein Ausdruck der Intensität kindlichen Fühlens ist ihre Begeisterung, ein wunderbares, ein schillerndes, ein leuchtendes Gefühl. Jede Begeisterung ist eine Begeisterung für etwas, also ein Gefühl, das nicht von etwas wegstrebt, sondern auf etwas hin. Begeisterung ist ein gerichtetes Fühlen beziehungsweise ein Fühlen, das das Gerichtetsein intensiviert. Ob sich Kinder für die christliche Weihnachtsgeschichte, eine Kampfsportart oder eine Modelleisenbahn begeistern – immer beinhaltet die Begeisterung ein Sichzuwenden. Sie ist ein über die Zwischenstufe Neugier gesteigertes Interesse, das zumindest zeitweise das ganze Kind in seinem Erleben erfasst und auf ein Objekt oder Ziel hin ausrichtet.

Die Leidenschaft ist eine nochmalige Steigerung, die zumindest zuerst einmal und zumeist nicht das sprichwörtliche Leiden schafft, sondern Freude, Intensität, Aktivität und Hingabe. Leidenschaft kann Flügel verleihen und Berge versetzen.

Werden Interesse und Neugier nicht gekappt, sondern unterstützt, wird Begeisterung bei Kindern zugelassen, wird Leidenschaft erlaubt, werden all diese Gefühle vorgelebt und nicht im Nebel emotionaler Dämpfung niedergehalten, dann können Begeisterung und Leidenschaft auch in Kindern höheren Alters lebendig bleiben und sie in das Erwachsenenleben hinein begleiten.

Begeisterung und Leidenschaft der Kinder brauchen Spielräume. Leiden schaffen sie nur dort, wo Depression vorherrscht, wo der Gegenstand, auf den sich Begeisterung und Leidenschaft richten, sich ihnen entzieht oder ihnen entzogen wird – durch Verbote oder Abwertung. Greta entdeckte als Neunjährige während eines Urlaubs ihre Begeisterung für das Kanufahren. Die Eltern hielten dies für einen Spleen und nahmen ihre Begeisterung nicht ernst. Sie wiegelten ab: »Ach, das wird sich schon wieder legen. Es hat sich schon so vieles wieder gelegt.« Doch die Begeisterung ihrer Tochter war keine Eintagsfliege. Greta blieb hartnäckig und schließlich gelang es ihr, einem Kanusportverein beizutreten, bei dem sie begeistert mitmachen und ihrer Kanuleidenschaft nachgehen konnte. Inzwischen war sie zwölf Jahre alt geworden – es hatte drei Jahre gedauert, drei Jahre, in denen sie hartnäckig der Spur ihrer Begeisterung gefolgt war, bis sie endlich ihre Leidenschaft leben konnte.

Oft flackern Begeisterungsstürme und Leidenschaften bei Kindern auf, halten sich aber nicht lange. Sind sie deshalb weniger wertvoll? Verdienen Sie deshalb weniger Beachtung? Wir meinen nicht – auch wenn es uns zugegebenermaßen ein oft gehöriges beziehungsweise ungehöriges Maß an Flexibilität und sogenannter Frustrationstoleranz abverlangt.

Vielleicht hilft es uns Erwachsenen, bei jeder Entscheidung für ein Interesse des Kindes, das mit Aufwand, Geld, Verantwortungsübernahme (zum Beispiel für Tiere) verbunden ist, diese Tatsache einzubeziehen. Das erspart uns, ein Interesse abzuwerten und moralische Appelle ans Durchhaltevermögen zu halten, ohne dass wir unsere eigenen Interessen aus den Augen verlieren müssen.

Sehnsucht

Eine Besonderheit kindlichen Erlebens äußert sich in seiner Unbekümmertheit. Sich unbefangen der Gegenwart hinzugeben, im Hier und Jetzt zu leben – das ist ein Grundmerkmal des Kindseins. Wo soll da noch Platz für Sehnsucht sein? Oh ja, es ist Platz, und nicht nur das, das kindliche Sehnen birgt eine gewaltige Kraft.

Um diese Kraft zu verstehen, ist das Sehnen zuerst einmal vom Wünschen zu unterscheiden. Die Wunschzettel der Kinder sind oft lang. Dass sich manche Wünsche erfüllen und andere nicht, ist Alltagserfahrung und gilt nicht nur zu Weihnachten. Sehnen ist tiefer, ausholender und weiter gerichtet als Wünschen. Sehnen richtet sich auf ein Objekt, das nicht in Reichweite ist. Um das ersehnte Ziel zu erreichen, entfalten Kinder Aktivitäten oder, wenn dies nicht möglich ist beziehungsweise sich erschöpft, sie verzehren sich innerlich.

In der Therapie begegnet uns rückwärts gewandtes Sehnen, zum Beispiel danach, dass die Zeit wiederkommt, in der »die Mama nur mich lieb hatte« oder in der »der Papa noch bei uns wohnte«. Dieses rückwärtsgewandte Sehnen kann Kinder vollständig gefangen nehmen und ihr Tun und Fühlen bestimmen.

Rückwärts gewandte Sehnsüchte haben die Eigenschaft, meist unerfüllbar zu sein. Wenn Kinder der Unerfüllbarkeit begegnen, aber vom Sehnen nicht lassen wollen, dann kann sich die ungestillte Sehnsucht in Melancholie verwandeln, kann der Schleier der Depression das Kind einhüllen. Es zieht sich nach innen zurück und wird innerlich eng und starr. Spätestens dann brauchen Kinder Hilfe, möglichst aber schon vorher. Die rückwärts gewandte Sehnsucht verhindert zweierlei: sowohl das Trauern und Loslassen als auch die Chance, dass sich die Sehnsucht nach vorn, auf die Zukunft richtet. Wer sich mit aller Kraft nach dem Vater sehnt, der vor drei Jahren die Familie verlassen hat, kann ihn nicht wieder herbeiholen. »Eigentlich« stünde Loslassen an: Der Vater ist weg und das Kind kann ihn nicht zurückholen. »Eigentlich« müsste das Kind loslassen und trauern. »Eigentlich« ist die Sehnsucht nach dem vergangenen Familienglück unsinnig und unvernünftig. Doch die Sehnsucht ist wie alle Gefühle unvernünftig im Sinne der Logik, nichtsdestotrotz stimmig und sinnvoll. Solche Sehnsüchte der Kinder kann man ihnen nicht ausreden. Es gilt vielmehr, sie ernst zu nehmen und herauszufinden, welche Kraft und welches Bedürfnis in ihnen stecken. Wir fragten einen Jungen, der sich stumm nach seinem »verschwundenen« Vater verzehrte, was er denn gern mit dem Papa gemacht habe. Und der Junge begann zu erzählen, vom Fußballspielen, vom Besuch in der Eisdiele im Sommer, immer samstags vor der Sportschau, und davon, dass er oft mit dem Vater gekämpft habe. »Papa war der Wolf und ich war der Jäger. Ich hatte mein Gewehr verloren, war aber so stark, dass ich trotzdem immer gegen den Wolf gewonnen habe.«

Wird das Sehnen konkretisiert, dann wird es greifbar und handhabbar. Es bleibt nicht mehr außer Reichweite, sondern rückt näher, und das Kind kann dann mit der Unterstützung Erwachsener differenzieren zwischen dem, was nicht mehr geht, und dem, wonach es lohnt, sich zu sehnen. Der Vater kommt nicht wieder. Das ist traurig, aber da hilft alles Sehnen nichts, und es lohnt sich für den Jungen, sich Menschen zu wünschen, mit denen er Fußball spielen und er selbst Jäger und der andere Wolf oder umgekehrt sein kann, mit denen er Eis essen und vieles andere von dem machen kann, was er mit seinem Vater verbindet. Wenn das Sehnen so konkret ist und differenziert werden kann, dann kann auch die Trauer ausgesprochen und der Schmerz lebendig werden, dann kann die Kraft freigesetzt werden, die in dem Sehnen steckt, und ermöglicht, dass das Verlangen die zu kurz gekommenen Bedürfnisse stillt.

Das vorwärts gewandte Sehnen der Kinder beinhaltet immer Lebensträume und Lebensenergie. Von seinen zahlreichen Aspekten, die zu beleuchten den Rahmen dieses Buches sprengen würde, ist uns vor allem einer wichtig. Wir haben häufig beobachtet, dass die Sehnsüchte der Kinder viel weniger kompliziert und großartig sind als die Sehnsüchte vieler Erwachsener. Ja, oft erscheinen sie im besten Sinne »einfach«: die Sehnsucht, sich mit anderen zu unterhalten, die Sehnsucht, gemeinsam Mittag zu essen, die Sehnsucht, umarmt zu werden, die Sehnsucht, gesehen und gehört zu werden, die Sehnsucht, zu spielen, gemeinsam zu spielen, die Sehnsucht, mit einem Gegenüber zu ringen, die Sehnsucht, am Samstagabend zusammen einen Film zu schauen, die Sehnsucht, ein Haustier haben zu dürfen, und Ähnliches.. Ein 14-jähriges Mädchen, Ellen, lebt allein mit seiner Mutter. Der Vater ist schon lange weg und die Mutter psychisch krank und überfordert. Das Mädchen läuft häufig von zu Hause weg, möchte gern im Heim unterkommen. Dort wird es nicht genommen, weil es keine Schläge oder sonstige Aufnahmegründe vorweisen kann. Gefragt, was sie sich denn sehnlichst wünscht, antwortet Ellen: »Dass immer etwas im Kühlschrank ist und dass einmal am Tag gekocht wird und wir zusammen essen und dass ich Taschengeld bekomme.« So einfach – und für manche so schwer erreichbar.

Oft können Kinder nicht auf die Frage antworten, wonach sie sich sehnen. Die kindlichen Sehnsüchte stehen selten auf dem Wunschzettel. Doch auch die leisen und die verstummten Sehnsüchte kann man lesen, und zwar im Spiel der Kinder, vor allem im Rollenspiel mit anderen Kindern und Erwachsenen, mit Puppen, Kuscheltieren, Märchen- oder Comic-Helden und allen, mit denen sich Kinder identifizieren. Das Spiel muss möglichst frei sein, keine oder möglichst wenige Regeln enthalten, dann treten die Sehnsüchte zutage und werden von den Kindern spielerisch ausgelebt. Insofern können sich kindliche Sehnsüchte zurückziehen, aber nie wirklich verstummen, sie können sich verbergen, aber nie wirklich verschwinden. Kinder brauchen auch für ihre Sehnsüchte (und nicht nur dafür) Erwachsene, die mit ihnen spielen und die dabei wachen Sinnes hinschauen, hinhören und hinfühlen.

Freude und Glück

Über die Freude und die Glücksgefühle der Kinder werden wir nur wenige Worte verlieren, was umgekehrt proportional zu der Bedeutung steht, die wir dem Glücks- und Freudeempfinden der Kinder geben. »Sich freuen wie ein Kind« ist unter Erwachsenen eine sprichwörtliche Redewendung. Dass in dieser

Redewendung Freude den Kindern zugeschrieben wird, zeigt, wie sehr und wie häufig dieses Gefühl auf dem Weg von der Kindheit zum Erwachsenwerden schwindet.

Am Abend, bevor wir diese Zeilen schrieben, sahen wir im Eiscafé ein Geschwisterpaar, vielleicht vier und fünf Jahre alt. Der offensichtlich besondere Augenblick, als ihnen der Eisbecher mit der Sahne serviert wurde, der Moment, in dem sie zum ersten Mal kosteten, ist uns unvergesslich. Die Freude erleuchtete ihren ganzen Körper, ihr Glück strahlte, bestrahlte die gesamte Eisdiele, ansteckend und mitbeglückend. Solches Glück und solche Freude zu beschreiben bedeutet, dass eine Abfolge solcher Bilder vor unsere inneren Augen tritt. Alle Leser_innen werden solche Szenen aus ihren Erinnerungen abrufen können – auf jeden Fall dann, wenn ihnen schon einmal ein Kind in die offenen Arme gelaufen ist – oder ihnen begegnen, wenn sie offenen Auges durch die Welt gehen. Das Glück und die Freude der Kinder sind unmittelbar und selbstverständlich, sie bedürfen keiner Rezepte, sondern »nur« einer Umgebung der Geborgenheit, der Liebe und der Spielräume. Glückskinder sind nach unserer Definition Kinder, die sich in ihrer vielfältigen Gefühlslandschaft zu Hause fühlen dürfen.

Um etwas dafür zu tun, dass Kinder in diesem Sinne Glückskinder sind und viele Momente des Glücks und der Freude erleben können, sind nicht Worte über das Glück und die Freude zu verlieren, sondern darüber, wie sie überschattet werden, ersterben oder verloren gehen und durch andere Gefühle ersetzt werden. Dies ist den anderen Kapiteln dieses Buches vorbehalten. Für uns Erwachsene, die dieses Buch schreiben, und für Sie als Leser_innen gilt: Freuen wir uns an der Freude der Kinder, lassen wir uns von ihrem Glück beglücken, mögen sie unsere Glückskinder sein.

Mitgefühl und Empfindsamkeit

Kinder fühlen mit, gerne und intensiv. Als sein Opa schwer krank wurde und unter starken Schmerzen litt, konnte der 16-jährige Steve nächtelang kaum schlafen. In der Therapie, in der er wegen anderer Probleme war, erzählte er: »Mir ist so, als hätte ich selber die Schmerzen.« Viele Eltern und andere Erziehende werden bei Kindern gleich welchen Alters beobachtet haben, zu welch innigem Mitgefühl diese in der Lage sind. Dafür gibt es zwei Voraussetzungen. Die erste besteht darin, dass die Menschen oder andere Lebewesen wie Tiere, mit denen sie mitfühlen, ihnen nahe waren oder nahe sind, also Verwandte oder Haustiere, Freunde oder Freundinnen. Ihr Mitgefühl kann sich aber auch auf Menschen erstrecken, denen sie nie begegnet sind, deren Not ihnen aber nahegebracht wurde. Wird Kindern in der Grundschule zum Beispiel von der Not in Afrika berichtet, indem ihnen Schülerinnen und Schüler gleichen Alters vorgestellt werden, die keinen Arzt in Reichweite haben, keine Schulbücher oder Stifte oder die gar Hunger leiden und um ihr Leben fürchten, so geht ihnen das nahe und sie werden ihr Mitgefühl in tätige Hilfe und Solidarität umsetzen.

Die Menschen oder Lebewesen, mit denen Kinder Mitgefühl zeigen, sind ihnen so nahegekommen, dass sie sich mit ihnen identifizieren können. Wenn sie im Fernsehen herumzappen und einen Bericht über die Tierquälerei bei vielen Tiertransporten sehen, dann kann es geschehen, dass Zehnjährige plötzlich aus Mitgefühl zu Vegetariern werden und diese Haltung auch lautstark verkünden und andere mit all ihrer Kraft und Leidenschaft zu überzeugen versuchen, das Gleiche zu tun.

Nahe sein oder nahegebracht werden – das ist die erste Voraussetzung. Die zweite besteht darin, dass Kinder für ihr Mitgefühl nicht verlacht oder anderweitig beschämt werden. Dies aber geschieht allzu oft. »Das ist doch nur ein Tier.« »Stell dich nicht so an.« »Nun ist aber gut.« Solche und viele andere Äußerungen hören Kinder oft, wenn sie mit leidenden Lebewesen mitfühlen und dieses Mitgefühl zeigen. Das ist möglicherweise ein Anfang von Verhärtung und Verrohung, die Erwachsene dann wiederum bei Jugendlichen beklagen. Kinder brauchen das Gegenteil von Beschämung, sie brauchen Verständnis, Unterstützung, Lob und Anerkennung für ihr Mitgefühl.

Die grundsätzliche Fähigkeit, mit anderen Lebewesen mitzufühlen, ist allen Menschen gegeben. Hirnforscher haben einen Teil der neuronalen Prozesse entdeckt, über die

Menschen mitfühlen. Wie stark aber die Fähigkeit des Mitfühlens ausgeprägt ist, ist bei Menschen unterschiedlich und hängt entscheidend von ihrer Empfindsamkeit ab. Über ihre Empfindsamkeit hören Kinder fast immer zuerst und hauptsächlich nur Abwertendes: »Sei doch nicht so empfindlich«, »Heulsuse«, »Weichei«, »Du Sensibelchen, krieg dich mal wieder ein«, und Ähnliches. Dabei bedeutet die Empfindsamkeit der Kinder doch etwas Positives, beinhaltet sie doch, dass Kinder Antennen haben, aufnahmebereite und sehr feine Antennen für das, was in anderen vorgeht. Dies hat leider oft die Nebenwirkung, dass ihre Grenzen und ihre Schutzschichten gegenüber anderen dünn sind und sie sich gegen das, was von außen kommt, kaum schützen können. Also reagieren sie emotional mit Tränen, Verzweiflung, Erröten oder anderem – und werden dafür beschämt oder gemaßregelt. Deswegen sind Worte wie »sensibel« oder »empfindlich« für viele Kinder (und Erwachsene) mit einem negativen Beigeschmack, mit Abwertung, behaftet. Wir ersetzen diese Begriffe deshalb gern mit dem Wort »empfindsam«, das sich unserer Erfahrung nach höherer Wertschätzung erfreut, und bezeichnen damit die Fähigkeit, Regungen anderer Menschen aufzunehmen.

Die Empfindsamkeit mag für viele Kinder eine Last sein und von manchen Erziehenden verlangen, dass sie den Kindern Gelegenheit geben und sie darin unterstützen, sich zu schützen – möglichst unideologisch, sprich: den individuellen Fähigkeiten des jeweiligen Kindes angepasst – gegen das, was zu viel ist, und gegen das Bedrohliche. Doch vom Kern her ist diese Empfindsamkeit eine kostbare Eigenschaft, weil sie die Fähigkeit, mitzufühlen, beinhaltet.

Wenn wir beschreiben, in welcher Intensität Kinder mitfühlende Wesen sind, dann werden sich manche Leserinnen und Leser an Gelegenheiten erinnern, in denen Kinder nicht mitfühlend, sondern grausam und verletzend waren. Dazu zählen nicht nur pubertäre Sprüche, in denen sich die Unbeholfenheit mit der Abwertung anderer mischt, um den unsicheren Boden, auf dem man sich als angehende erwachsene Person bewegen möchte, zu verbergen. Auch jüngere Kinder können abwerten und verletzen. Dies hat unterschiedliche Facetten.

»Kindermund tut Wahrheit kund« ist eine davon. Wenn Kinder taktieren, sind sie schon viel zu früh erwachsen geworden – oft sind sie ehrlich und in ihrer Ehrlichkeit brutal. Das kleine Mädchen, das von der Tante mit Geschenken überhäuft wird und von dem erwartet wird, dass es sich aus Dankbarkeit von ihr drücken und abküssen lässt, stößt die Tante von sich. Sie mag sie nicht. Geschenke hin oder her, die Erwartungen der Eltern und erst recht der Tante werden enttäuscht. Das wirkt roh, ist aber letztendlich nur eine Ehrlichkeit, die keine Zwischentöne und kein Taktieren kennt. Die Mutter, die ihr neues Kleid anzieht und die Neunjährige fragt: »Na, gefalle ich dir?«, erhält die ehrliche, mitleidslos wirkende Antwort: »Schrecklich.« Die Mutter ist getroffen. Wenn der Tochter drei oder vier Jahre später die gleiche Frage gestellt wird, wird sie wahrscheinlich antworten. »Ja, das Kleid ist ganz schön, aber vielleicht solltest du es etwas kürzer machen und bei der Farbe habe ich Bedenken, die würde vielleicht für einen Mantel eher passen …« Die Tochter würde ihre Meinung ein wenig abmildernd äußern und taktieren, weil sie um die Verletzungsanfälligkeit der Mutter weiß und weil sie ihr nicht wehtun möchte. Jüngere Kinder können mitfühlen, aber haben noch wenig Wissen über die Verletzungsanfälligkeit anderer Menschen. Zu sehr sind sie damit beschäftigt, sich selbst zu schützen und sich um ihre eigene Verletzlichkeit zu kümmern. Dies heißt nicht, dass sie weniger Mitgefühl haben. Es bedeutet, dass dieses Mitgefühl nicht immer genug Raum hat in ihrem Leben und es ihren Äußerungen an Geschmeidigkeit mangelt.

Nun gibt es aber auch Kinder, die wirken nicht nur roh, sondern sind roh. Sie verletzen und kränken, sind in Worten und Taten gewalttätig. Genauer muss man sagen, sie sind nicht roh, sondern roh geworden, indem sie selbst verletzt und gedemütigt wurden. Immer, und wir meinen wirklich immer, liegen solchen Verhaltensweisen der Kinder Gewalterfahrungen zugrunde. Jedes Kind wird mit Mitgefühl geboren, keines mit Rohheit. Rohheit von Kindern ist ein Produkt von Gewalterfahrungen. Diese Gewalt muss nicht nur in Schlägen bestehen oder in sexuellen Übergriffen. Gewalt kann auch darin liegen, dass Kinder alleingelassen und mit Leere umgeben werden, dass sie atmosphärisch Gewalttätigkeiten anderer miterleben oder durch Blicke, Worte und Verhalten gedemütigt und erniedrigt werden. Wenn solche Erfahrungen für Kinder unerträglich werden, machen sie sich gefühllos. Viele implodieren, verstummen und richten all ihre Impulse gegen sich. Andere explodieren und geben das weiter, was sie selbst erfahren haben. Die Gewalttätigkeit, die sie erleben, wird zur Rohheit und Gewalt gegen andere.

Dieser Weg der Verrohung muss nicht zwangsläufig beschritten werden. Wir kennen viele Menschen, die darum ringen, anders zu werden als diejenigen, unter denen sie litten. Aber in vielen Kindern ist etwas zerbrochen und sie sind zu diesem Ringen nicht mehr in der Lage. Ob dieser Bruch wieder geheilt werden kann? Bei den Kindern, denen wir persönlich bislang begegnet sind, durften wir die Erfahrung machen, dass Heilung und damit Mitfühlen wieder möglich wurden, wenn Kinder Mitgefühl (und Halt und einen klaren Rahmen, berechenbare Strenge und Sicherheit und vieles andere mehr) neu erfahren durften und dadurch Verletzungen gelindert oder geheilt wurden. Wir wissen aber von Kolleginnen und Kollegen, die mehr als wir mit diesen Kindern arbeiten, dass dies trotz allem Engagement nicht immer gelingt. Manche Brüche können nicht heilen, manche Kinder werden zerbrochen. Ihnen hat man das Gefühl und das Mitgefühl für sich und andere genommen.

Einsamkeit

Einsamkeit ist kein Gefühl, mit dem Kinder hausieren gehen. »Hallo Mama, ich bin einsam«, wird selten eine Mutter von ihrem Kind hören. Einsamkeit gehört zu der Gruppe kindlicher Gefühle, die sich zumeist verstecken und an äußeren Anzeichen oft schwer zu erkennen sind. Für Einsamkeitsgefühle eines Kindes kann sprechen, dass es keine Freunde oder Freundinnen hat und wenig mit anderen Kindern zusammen ist. Es gibt aber auch Kinder, die sich zumindest phasenweise unter solchen Bedingungen nicht einsam fühlen, sondern die Rückzugsphasen brauchen, um zur Ruhe zu kommen, und die sich gern mit sich selbst beschäftigen. Und dann gibt es Kinder, die im Sportverein tätig sind und tanzen gehen und oft mit anderen zusammen sind, sich aber jeden Abend vor Einsamkeit in den Schlaf weinen, weil ihre beste Freundin in eine andere Stadt gezogen ist. Manchmal stehen Kinder mit vielen anderen Kindern oder Erwachsenen in Verbindung, mit denen sie vieles unternehmen und über vieles reden können – aber das, was sie wirklich bewegt, behalten sie für sich. Deshalb erhalten sie darauf kein Echo, keine Resonanz. Nicht die Anzahl der Kontakte ist wesentlich, ob Einsamkeit gefühlt wird oder nicht, sondern das Vorhandensein oder Fehlen von Resonanz, von gemeinsamem Schwingen in dem, was bewegt.

Einsamkeit ist fehlende Resonanz und wird auch häufig über Resonanz wahrgenommen. Wenn wir in der Therapie einem Kind begegnen, das unter starker Einsamkeit leidet, dann spüren wir dies oft mehr als Echo in uns, als dass wir es an konkreten Äußerungen oder Verhaltensweisen des Kindes festmachen können. Und darin besteht auch die große Schwierigkeit der Eltern und Erziehenden: die Einsamkeit als Einsamkeit zu identifizieren. Es ist der Einsamkeit immanent, dass sie oft in anderem Gewand daherkommt oder sich hinter einem anderen Gewand zu verstecken scheint – im »Pokerface« zum Beispiel, in dem nur die Augen die Einsamkeit signalisieren. Außerdem ist die Resonanzbereitschaft von Erwachsenen bei einem meistens so ungeliebten Gefühl wie der Einsamkeit oft eingeschränkt. Einsamkeit tritt eben häufig als eine unsichtbare Aura auf, die ein Kind umgibt, zumindest wenn sie stark und lang anhaltend ist und schon lange existiert. Sicher können wir uns solcher Wahrnehmungen nie sein, aber sie sind eine gute Spur, um nachzufragen und nachzuforschen.

Der elfjährige Jean wurde in die Therapie gebracht, weil er nicht mehr zur Schule ging. Er gab niemandem Gründe für seine Schulverweigerung an, wehrte sich mit Händen und Füßen, die Schule zu betreten, beziehungsweise lief bei der ersten Gelegenheit von der Schule fort, wenn er doch zum Schulbesuch gezwungen worden war. Er hatte die Eltern, Lehrer_innen und Berater_innen ratlos gemacht. Als er den Therapieraum betrat, setzte er sich sofort auf einen Stuhl in die Ecke, verschränkte die Arme und stierte scheinbar unbeteiligt vor sich hin. Der Therapeut versuchte, mit Jean ins Gespräch zu kommen, doch dieser schwieg. Der Therapeut hörte zwar keine Worte, aber er »hörte« Jeans Einsamkeit und seine Resignation. Als der Therapeut fragend zu ihm sagte: »Du hast es aufgegeben, nicht wahr?«, kam von Jean seine erste Reaktion: Er nickte.

Wenn Kinder beginnen, einsam zu werden, versuchen sie oft, durch symbolische Akte die Aufmerksamkeit der Menschen zu erregen, mit denen sie näher in Kontakt treten wollen. Den Eltern wird »aus heiterem Himmel« der Frühstückstisch gedeckt. Dem Mitschüler, dessen Freundschaft der Junge ersehnt, wird ein für ihn wertvolles Fußballsammelbild zum Tausch angeboten, das er »eigentlich nie hergeben wollte«. Die selbst gebastelte Strohblume wird der Erzieherin im Kindergarten geschenkt. Solche Zeichen werden selten richtig, also dem Ausmaß ihrer Bedeutung entsprechend, gedeutet. Das Kind erlebt so das Ergebnis seiner Bemühungen als Scheitern. Vielleicht versucht es noch das eine oder andere, schließlich resigniert es. Die Resignation nährt die Einsamkeit, verstärkt sie, ergänzt sie um die Hilflosigkeit: Ich bin allein und keiner sieht es und niemand will mir helfen.

Wenn die Einsamkeit beginnt, kann es helfen, sich für das Kind zu interessieren und ihm das durch Nachfragen zu zeigen. Gesprächsangebote sind ebenso sinnvoll wie alle anderen Angebote, die im Kind Echos hervorrufen und dem Kind Echos für das, was es bewegt, anbieten. Das kann ein verständnisvoller Blick sein oder ein kurzes Streicheln über die Schultern. Häufig müssen Erwachsene den ersten Schritt machen, zumindest dann, wenn die Einsamkeit sich zu verfestigen beginnt. In der Therapie mit Jean entstehen die ersten Verbindungen, das erste Wechselspiel der Blicke, der Mimik, dann auch der Worte darüber, indem der Therapeut davon erzählt, wie er in Jeans Alter zum ersten Mal Spiele seiner Lieblingsfußballmannschaft besuchte und sich für Fußball zu interessieren begann.

Wenn Eltern nicht an ihre Kinder herankommen, weil sie in der Einsamkeit verfangen sind, erwarten sie oft, dass die Kinder den Anfang machen: »Ich biete meinem Kind doch an, mit ihm zu reden, aber es will ja nicht. Es ist zu verschlossen und geht nicht aus sich heraus.« Entscheidend für die Erwachsenen ist hier die Einsicht, dass das Kind, wenn sich die Einsamkeit verfestigt hat, oft nicht mehr aus sich heraus kann. Die Einsamkeit, gepaart mit Resignation, hat sich wie ein unsichtbarer Ring um das Kind gelegt, den es von innen nicht mehr oder nur noch äußerst schwer durchbrechen kann. Also braucht das Kind Hilfestellungen von außen. Eine Hilfestellung kann darin bestehen, dass Eltern anfangen, von sich zu erzählen. Wenn Eltern sich wundern, dass das Kind nichts über seine Gefühle mitteilt, fragen wir oft: »Wann haben Sie mit dem Kind zum letzten Mal über Ihre Gefühle gesprochen?« Wenn Erwachsene hier den Anfang machen, öffnet dies häufig Türen, oft schneller, als sie vorher gedacht haben.

Auch gemeinsames Tun kann eine Brücke bauen. Mit dem Kind zu spielen, spazieren zu gehen oder gemeinsam einkaufen zu gehen, all das zeigt dem Kind: Ich nehme dich ernst, ich habe Interesse an dir, ich will Kontakt und ich bin bereit, dafür etwas zu investieren. Wenn zwei Menschen nicht miteinander in intensiven Kontakt treten können, weil zumindest einer in Einsamkeit und Resignation verfangen ist, bedarf es häufig des Umweges über ein Drittes. Es fällt leichter, wenn sich beide erst auf den Computer beziehen als aufeinander oder auf das Interesse an Ballett oder Sonstiges, zu dem gemeinsam Bezüge hergestellt werden können. Vereinsamten Kindern helfen oft auch Tiere, denen sie Zuwendung schenken und von denen sie Zuwendung erhalten und an denen sie üben können, sich zu öffnen und Nähe zuzulassen.

Müdigkeit

Viele Eltern und andere Erziehende sind oftmals müde. Arbeit, Privatleben, Erziehung der Kinder und das Verantwortungsgefühl, das alles gut hinzubekommen, kann eine Belastung werden und kann ermüden. Diese Müdigkeit wahrzunehmen und ernst zu nehmen ist die Voraussetzung dafür, nach Alternativen zu schauen und Belastungen zu reduzieren. Doch auch Kinder sind oft müde. Nicht nur, wenn sie morgens geweckt werden. Die Müdigkeit hat viele Facetten.

Kinder müssen viel leisten. Sie müssen lernen, lernen, lernen, ob in der Schule oder zu Hause, auch schon als Säugling. Sie müssen lernen, ihre Umwelt wahrzunehmen, um zu verstehen, was andere von ihnen wollen und wie sie selbst darauf reagieren können. Sie müssen lernen, zu sprechen und die Welt um sich herum zu verstehen. Sie müssen lernen, Kontakte wahrzunehmen und Beziehungen aufzubauen. Das kann erschöpfen und ermüden. In der neuen Welt zurechtzukommen, in die sie hineingeboren werden und in der sie aufwachsen, ist eine große Leistung. Kinder wollen diese Leistung vollbringen UND sie hören immer wieder, dass sie dies oder das tun sollen und müssen, ob sie wollen oder nicht. Einfach schlicht und ergreifend müde sein zu dürfen, ohne Rechtfertigung und ohne dass ihnen ein »Aber du musst doch noch den Tisch abräumen und deine Hausaufgaben machen« entgegenschallt, ist ihnen selten vergönnt. Im Laufe ihrer Entwicklung lernen sie, was die meisten Erwachsenen längst gelernt haben, nämlich, sich selbst den »Ich-muss-aber-doch-noch«-Druck zu machen und sich selbst keine Müdigkeit mehr zu gönnen.

Sind die Kinder im Teenageralter, so äußert sich Müdigkeit oft in, manchmal aufreizender, Lustlosigkeit und im Widerstand gegen alle Ansprüche. Diese Art von Müdigkeit wird dann oft als antisozial erlebt und regt in der Regel Eltern und andere Menschen dazu an, sich ihrerseits bis zur Erschöpfung an ihnen »abzuarbeiten«. Die Müdigkeit, die diese Erwachsenen dann irgendwann zu erfassen droht, nähert sich oft dem Gefühl der Resignation. Auch Kinder und Jugendliche sind es oft müde, sich in den Strom des Müssens einzufügen. Auch sie resignieren und geben es irgendwann auf, »richtig« sein zu wollen.

Kinder brauchen die Erlaubnis, müde zu sein, brauchen leistungsfreie Zonen und Zeiten. Also Situationen, in denen niemand etwas von ihnen verlangt, in denen sie schlafen oder ein Buch lesen können, am Computer spielen oder sonst etwas tun, was sie dem Druck und den Anforderungen des Müssens entzieht. Das kann Kraft geben und wieder frisch machen. Das brauchen Erwachsene und Kinder.

Manchmal suchen Kinder in solchen leistungsfreien Zonen und Zeiten keinen Kontakt, sondern ziehen sich zurück. Wenn Paul zum Beispiel der ständigen Streitigkeiten mit seiner Schwester müde ist, dann kann es ihm guttun, eine Zeitlang keinen Kontakt mit seiner Schwester zu haben, um sich zu erholen. Ermüdung ist nicht nur ein körperliches Phänomen. Wenn man wenig geschlafen oder hart Sport gemacht hat, dann steht die körperliche Ermüdung im Vordergrund. Doch es gibt auch die soziale Ermüdung, die »Menschenmüdigkeit«. Sie kann darin bestehen, dass Kinder und Jugendliche bestimmter Beziehungen und Beziehungsqualitäten zu anderen Menschen müde sind. Und sie kann die Bedeutung einer seelischen Ermüdung haben, nämlich dass sie es leid sind, immer präsent sein zu müssen sowie emotional und intellektuell (»mental« nennt sich das zum Beispiel in der Fußballersprache, die manche Kinder und Jugendlichen gut kennen) zu agieren und zu reagieren. Dann würde es wahrscheinlich helfen, den Wunsch zu unterstützen: »Mal einfach doof zu sein. Einmal nichts zu lernen und nichts Vernünftiges zu tun«, wie ein Junge es stellvertretend für viele ausdrückte.

Wenn Kinder dauermüde sind und es nicht hilft, sie einfach mal in Ruhe zu lassen, dann sollten die Erwachsenen versuchen, mit ihnen gemeinsam herauszubekommen, welche Dauerüberlastungen vorhanden sind. Oft entdecken sie heimliche Überlastungen, die Kinder nicht in Worte fassen können. Zum Beispiel den Dauerkonflikt zwischen den Eltern, den ein Kind nicht ansprechen möchte, weil es Angst hat, ihn noch mehr anzuheizen, oder sogar befürchtet, die Eltern zu verlieren. Oder die Trauer um die enge Freundin, die in eine andere Stadt umgezogen ist. Solche heimlichen Dauerbelastungen oder -überlastungen ermüden, meist ohne dass für die Erwachsenen ein konkreter Auslöser sichtbar ist.

Wichtig ist die Vorbildrolle der Eltern und auch der anderen Erziehenden. Wenn Erwachsene ihre eigene Müdigkeit nicht zugeben können, sondern immer wieder gegen sie ankämpfen, dann bewirkt dies auch einen Druck auf die Kinder, ihnen nachzueifern. Wenn sich klassischerweise der Vater abends noch am Computer mit seiner Arbeit beschäftigt (oder vielleicht auch nur so tut, als ob), wird das schlechte Gewissen bei den Kindern wachsen, wenn sie abends lieber »abhängen«, statt Hausaufgaben zu machen. Hilfreich ist, wenn Erwachsene mit ihrer Müdigkeit in all ihren Formen offen umgehen und sie und sich selbst ernst nehmen. Manchmal gelingt dies nicht, weil die Umstände dies nicht zulassen oder die seelische Not zum Durchhalten zwingt. Dann ist es notwendig, mit den Kindern offen darüber zu reden und ihnen das zu erklären, damit die Atmosphäre der Müdigkeit nicht auf Dauer eine Beziehungs- und Gefühlsmüdigkeit erzwingt. Damit die Kinder ihre Müdigkeit und die sie begleitenden Gefühle als einen Teil der Lebendigkeit, als einen Teil ihres eigenen Lebensrhythmus begreifen lernen.

Neid und Eifersucht

Dass Kinder, vor allem die Erstgeborenen, eifersüchtig und neidisch werden, wenn ein kleiner Bruder oder eine kleine Schwester in ihr Leben tritt und ihnen die Zuwendung der Eltern entzieht, ist so normal wie häufig. Sie verlieren ja auch etwas: die alleinige Zuwendung der Mutter und des Vaters. Sie sind nicht mehr der Star der Großeltern, der Onkel und Tanten. Etwas anderes kannten sie bisher nicht, umso bestürzender erleben sie diesen Vorgang. Sie befürchten, dass ihnen nun die Liebe und Zuwendung ganz verloren gehen, und kämpfen darum, manchmal verzweifelt, immer hartnäckig. Denn Liebe und Zuwendung sind ihnen kein Gut, dessen Verlust oder vermeintlicher Verlust beiläufig hingenommen werden kann. Liebe und Zuwendung sind existenziell wichtig. Kindlicher Neid ist nicht ein Vergleichen um des Vergleichens willen, sondern ein Vergleichen aus der Not heraus, etwas existenziell Wichtiges zu verlieren. Eifersucht ist ein Gefühl des Kampfes, eines verzweifelten Kampfes um etwas, dessen man nicht sicher ist, ja von dem oft eine innere Gewissheit besteht, dass es eigentlich schon verloren ist.

Um dem Neid auf jüngere Geschwister vorzubeugen, gibt es viele Hinweise in der Literatur. Sie drehen sich vor allem darum, das ältere Kind in die Geburtsvorbereitung mit einzubeziehen und ihm eine Identifikation mit der Mutterrolle zu ermöglichen, indem es, wenn zum Beispiel der Säugling die Flasche bekommt, Gleiches mit einer Puppe tun kann. Das ältere Kind in die Geburtsvorbereitung mit einzubeziehen ist in jedem Fall sinnvoll. Eine Identifikation mit der Mutterrolle zu initiieren halten wir dagegen für weniger hilfreich. Einerseits wird das Kind dies in den meisten Fällen spielerisch von sich aus tun, andererseits löst eine Identifikation mit der Mutter nicht seinen Grundkonflikt, nämlich das Bedürfnis, als Kind geliebt zu werden und Zuwendung zu erfahren. Keine noch so gute Vorbereitung kann Neid und Eifersucht verhindern, und Eltern sollten ihre Kinder und sich selbst möglichst nicht mit ihren Schuldgefühlen beladen, wenn diese auftreten.

Problematisch kann es eher sein, wenn Neid und Eifersucht gar nicht auftreten. Vielleicht fühlt sich im guten Fall das ältere Kind seiner Liebe und Zuwendung so sicher, dass es Neid und Eifersucht nicht nötig hat, vielleicht ist es aber auch so sehr verunsichert und verängstigt beziehungsweise resigniert, dass es gegen die Herabstufung gar nicht erst zu rebellieren wagt.

In jedem Fall braucht das ältere Kind besondere Zuwendung und besondere Liebesbeweise. Zu versichern, dass Mutter und Vater das ältere Kind genauso lieben wie das jüngere, reicht nicht, sie müssen es zeigen, bestätigen, beweisen. Darum kämpft das Kind. Ein wichtiger Beweis besteht in besonderer Zeit, die Vater beziehungsweise Mutter mit dem älteren Kind verbringen ohne Ablenkung oder Störung durch das Nachgeborene.

Wird das nachgeborene Kind älter, können sich die Rollen vertauschen. Nun kann in dem jüngeren Kind der Eindruck entstehen, dass die ältere Schwester oder der ältere Bruder mehr geliebt wird, sowieso alles besser kann und immer recht hat. Hier gilt für Eltern und andere Erziehende das Gleiche, nur in vertauschten Rollen. Nun braucht das jüngere Kind deutliche Zeichen von Liebe und Zuwendung in Worten und Taten.

Bei alldem ist für Eltern und Erziehende eines wichtig: Sie können nie alles richtig machen! Wer dies versucht, wird scheitern, sich selbst unter Druck setzen und anderen Druck vermitteln. Viele Eltern versuchen, ihr Bemühen um Gerechtigkeit durch Gleichbehandlung zu realisieren. Dieser Weg ist unmöglich, denn Kinder sind unterschiedlich und die Reaktionen der Erwachsenen auf die Kinder unterscheiden sich ebenfalls. Gleichbehandlung kann nur künstlich wirken. Wer dem Neid und der Eifersucht der Kinder untereinander vorbeugen will, indem er oder sie auf die gleiche Anzahl von Süßigkeiten, Kleidungsstücken, Spielzeug, miteinander verbrachter Zeit usw. achtet, erzieht die Kinder eher dazu, auf jede noch so geringe Abweichung zu achten. Die Aufmerksamkeit des Kindes wird nicht auf die Liebe und die individuelle Beziehung zu den Erwachsenen gelenkt, sondern auf das Vergleichen. Kinder, die Erwachsene und ihre Lebenssituation so erleben, werden häufig zu Meistern in der Beachtung kleinster

»Ungleichheiten«. Das, was man als Eltern und andere Erziehende mit allen Mitteln und aller liebevollen Anstrengung zu vermeiden versuchte, wird so gefördert: Neid und Eifersucht unter den Kindern.

Nun entspringen Neid und Eifersucht nicht nur aus dem Geschwisterneid oder äußern sich nicht nur im Geschwisterneid. Viele Anlässe können dazu führen, dass sie ausbrechen, manchmal plötzlich, manchmal schleichend und nahezu unbemerkt. Immer aber liegen die gleichen Prozesse des Erlebens wie beim Geschwisterneid zugrunde: Ein Kind fühlt sich zurückgesetzt, zu kurz gekommen, ungeliebt, unbeachtet, und immer braucht es – auch wenn die kindlichen Ausdrucksformen dieser Gefühle wahrhaftig nicht immer willkommen sind – die Sicherheit, geliebt zu werden, Geborgenheit und besondere Zuwendung.

Leere

Murats häufigste Körperbewegung war das Schulterzucken. Nicht nur, wenn man ihn etwas fragte, zuckte er mit den Schultern. Manchmal zuckte er auch, wenn er allein saß oder seiner Wege ging. Auf die Frage, wie es ihm gehe, sowieso. Sein Schulterzucken signalisierte nicht nur ein »Ich weiß nicht«. Es strahlte auch aus: »Es hat ja sowieso keinen Zweck.« Murat strahlte Resignation aus.

Wenn ihm die Erzieherin im Kindergarten – Murat war sechs Jahre alt und sollte bald zur Schule gehen – ein Spielzeug anbot, griff er nicht danach. Er spielte nur, wenn sie das Spielzeug nahe an seinen Körper, in seine unmittelbare Reichweite, legte. Murat hatte das Ausgreifen verlernt. Wir sagen »verlernt«, weil kein Kind, das nicht mit körperlichen Einschränkungen auf die Welt kommt, mit dieser Unfähigkeit geboren wird. Kinder können in die Welt hinausgreifen, nach der Mutter, nach der Flasche, nach allem, was sie interessiert, was sie haben möchten. Was passiert, wenn Kinder ins Leere greifen, nicht nur einmal, sondern immer wieder? Dann ist dies eine schreckliche Erfahrung.

Leere erfahren Kinder nicht in ihrem Körper. Nichts im menschlichen Körper ist wirklich leer, er wird als bedürftig, hungrig, suchend, sehnend erfahren, nicht aber als leer. Leere erfahren sie in ihrer Umgebung, im Raum um sie und um ihren Körper herum. Leere erfahren sie, wenn sie ins Leere greifen. Folgen hat dies nicht, wenn es nur einmal oder gelegentlich geschieht. Jedes Kind, jeder erwachsene Mensch hat Erfahrungen damit gemacht, etwas haben zu wollen und nicht zu bekommen. Wenn aber diese Erfahrung dauerhaft wird, wenn sie selbstverständlicher Bestandteil der Lebenserfahrung wird, dann gewinnt sie existenzielle Bedeutung und ruft so viel Verzweiflung hervor, dass diese für das Kind unaushaltbar wird. Die Folge ist die Resignation. Manche Kinder strecken die Arme nicht mehr aus, um nicht immer wieder ins Leere zu greifen. Im Schultergürtel baut sich eine Spannung auf, mit der die Kinder den Greifimpuls dauerhaft zurückhalten. Andere Kinder greifen zwanghaft und ersatzweise nach allem und jedem, greifen unruhig nach Menschen und Gegenständen, ohne sie jeweils festhalten zu können oder zu wollen. Die Resignation zeigt sich dann eher in dem fehlenden Festhalten- und Behaltenkönnen. Das Greifen ist hier ein verzweifeltes Suchen in der Leere. Als Gefühl beziehungsweise als Stimmung nehmen die Kinder eher die Resignation wahr, für die Leere gibt es keine Worte, auch das Gefühl ist leer.

Hände, die hinausgreifen und ins Nichts greifen, sind die häufigste Erfahrung, die Leere produziert. Eine ähnliche Wirkung können die Rufe haben, die nicht gehört werden, und die Blicke, die nicht erwidert werden. Hier verstummen Kinder oder ihre Augen werden leer, fast immer legt sich eine Atmosphäre der Leere um sie herum.

Was geschieht, wenn die Leere von Menschen gefüllt wird, die die Not des Kindes sehen oder erahnen und sich als greifbare, hörende und schauende Gegenüber anbieten? Fast immer erleben wir Therapeut_innen das Kind zuerst skeptisch, ja irritiert. Die Resignation, die aufgrund der verzweifelten Leereerfahrung entstanden ist, beinhaltet ja: Ich kann machen, was ich will, ich gehe immer ins Leere. Nun ist da plötzlich jemand – also wird das kindliche Weltbild infrage gestellt, wird Selbstverständliches durcheinandergeworfen. All das schafft Irritation, Unsicherheit, Skepsis und Angst. Wird ein Blick erwidert oder treffen die greifenden Finger auf einen anderen Menschen, dann betritt die Scham den Raum. Die Leere und die Resignation umschließen viele kostbare Aspekte des Erlebens des Kindes, sie umhüllen die Intimität. Wird die Leere nun gefüllt, wird dieser Schleier der Resignation durchdrungen, beginnt das Kind sich zu schämen. Die Scham als Wächterin des intimen Raums wird aktiv. Für Therapeut_innen und Erziehende gilt es, die Kinder dabei zu begleiten, durch diese Scham hindurchzugehen, vorsichtig, behutsam und langsam, um neue Erfahrungen des Greifens, des Gesehenwerdens und des Hörbarwerdens zu ermöglichen und so letztendlich die Leere allmählich zu füllen.

Viele Eltern und weitere Erziehende (und vor allem die Erziehung kritisch Begutachtende wie Verwandte, Bekannte und Fremde) sorgen sich, dass Kinder zu sehr verwöhnt werden. Sicherlich ist es nicht gut, wenn Kinder wahl- und grenzenlos alles bekommen, was sie wollen, oder wenn die Erwachsenen ihre eigenen Interessen nicht mehr wahrnehmen. Das hat unserer Erfahrung nach eine ähnlich halt- und orientierungslose Wirkung wie die Erfahrung von Leere. Abgesehen davon, dass Leere zu vermeiden nicht mit Überschütten gleichzusetzen ist, sind wir aufgrund unserer Beobachtungen ebenso davon überzeugt, dass Kinder, die einen mit Interesse, Liebe, Geborgenheit verwöhnten Boden und eine damit angereicherte Lebensumwelt haben, später eine höhere sogenannte Frustrationstoleranz haben als Kinder, die darin nicht satt werden konnten oder »überfüttert« wurden. Gegen die Erfahrung und das Gefühl der Leere helfen die Erfahrung und das Gefühl der Wirksamkeit – womit wir zum nächsten Kapitel überleiten wollen.

Wirksamkeit und Unwirksamkeit

Für die meisten Kinder und Erwachsenen ist es selbstverständlich, sich wirksam zu fühlen, also ein Grundgefühl zu spüren, dass sie auf Gegenstände und andere Menschen wirken. Aber erst wenn das Gefühl der Unwirksamkeit auftritt, wird einem die Bedeutsamkeit des Wirksamkeitsgefühls wirklich bewusst.

Der neunjährige Bill erzählt: »Ich kann in der Schule machen, was ich will. Ich komme einfach nicht an die Lehrerin heran. Sie mag mich nicht und ignoriert mich.« Der Junge ging mit seinen Bemühungen ins Leere und fühlte sich unwirksam, auch wenn er das Wort nicht kannte und nicht verwendete. Vielen Kindern ergeht es so. Sie versuchen etwas, bemühen sich – und scheitern. Wirksamkeit ist das Gefühl, etwas bewirken zu können, jemanden zu erreichen, etwas zu verändern. Für die meisten ist, wie gesagt, dieses Gefühl selbstverständlich. Sie spüren, sie fühlen eine Sicherheit, etwas bewirken zu können. Geht dieses Gefühl verloren, hat das wesentliche Auswirkungen auf das Selbstbewusstsein und das Selbstwertgefühl. »Ich bin es nicht wert und kann nichts schaffen.« »Ich bin unfähig, etwas zu erreichen.« Der Verlust des Wirksamkeitsgefühls kann bei Kindern nicht nur das Selbstwertgefühl schwächen, sondern das gesamte Selbstbild prägen.

Deswegen ist es so wichtig, Kinder darin zu unterstützen, dass sie wirksam sind. Eltern und andere Erziehende dürfen ihnen nicht alle Aufgaben und Herausforderungen abnehmen.

Kinder müssen selbst die Spiel- und Erfahrungsräume ausloten, in denen sie sich Herausforderungen stellen und Aufgaben bewältigen können. Und sie können und sollen dabei auch lernen und erfahren, sich Hilfe holen zu können, also auch in dieser Hinsicht wirksam sein zu können. Deshalb dürfen sie wiederum nicht alleingelassen werden. Sie brauchen Unterstützung, Begleitung und Förderung.

Das Gefühl der Wirksamkeit zurückzugewinnen oder zu stärken gelingt auf zwei Ebenen. Wir Menschen sind wirksam, wenn wir werkeln, wenn wir nach etwas greifen, wenn wir ein Bild malen, ein Musikstück spielen, einen Kuchen backen, einen Tisch decken oder unser Zimmer aufräumen, wenn wir etwas bewegen, verändern, gestalten. Das ist der einfachste Weg, um bei und mit Kindern das Gefühl der Wirksamkeit zu stärken und das Gefühl der Unwirksamkeit zu reduzieren. Gemeinsam mit einem Kind ein Fahrrad zu reparieren kann mehr bewirken, als Worte auszutauschen. Wer etwas schafft und dabei Unterstützung erfährt, macht Erfahrungen von Wirksamkeit und fühlt sich wirksam.

Die andere Ebene betrifft die Beziehungswirksamkeit. Wenn sich ein Kind unwirksam fühlt, weil es die Lehrerin nicht erreicht oder den Streit der Eltern nicht verhindern kann, wenn es mit seinen Bedürfnissen ins Leere geht, dann ist das immer eine Beziehungserfahrung, also eine Erfahrung zwischen zwei und mehr Menschen. Wirksamkeitserfahrungen auf der Sachebene der Gegenstände und Handlungen sind wichtig und oft zunächst der einzige Weg, wenn das Gefühl der Unwirksamkeit zu stark geworden ist. Aber entscheidend geht es darum, dass Kinder Erfahrungen der Beziehungswirksamkeit machen, also mit anderen Menschen. Das bedeutet nicht, dass allen Forderungen und Wünschen von Kindern entsprochen wird oder dass Erwachsene ihnen immer recht geben müssen. Nein. Kinder dürfen nur nicht ins Leere gehen. Sie müssen gehört und ernst genommen werden. Wenn man in einem respektvollen Ton Kindern gegenüber »Nein« sagt und einen Wunsch abschlägt, dann ist das für sie vielleicht in dem Moment traurig oder möglicherweise auch ärgerlich. Aber es entwickelt sich kein Gefühl der Unwirksamkeit. Das entsteht nur, wenn uns ihre Impulse und Wünsche egal sind, wenn wir darüber hinweggehen und sie mehr oder weniger ignorieren. Deswegen ist es wichtig, wenn Kinder mit uns in Beziehung gehen wollen, dass wir sie ernst nehmen und respektieren. Dass wir ihnen zeigen, wenn sie uns berühren, dass wir ihnen unsere Traurigkeit, unseren Ärger, unsere Sorge, unsere Freude, unseren Stolz oder was auch immer sie in uns auslösen, zeigen. Das verschafft ihnen ein Gefühl der Wirksamkeit – fast wie nebenbei, ganz selbstverständlich und hocheffektiv.

Sich verloren fühlen

Wenn Kinder sich verloren fühlen, zeigen sie das dem aufmerksam Beobachtenden auf sehr unterschiedliche Art und

Weise. Bei einigen scheint die Verzweiflung durch, bei anderen die Haltung, dass ihnen alles egal ist. Egal, was passiert, egal, was man tut, egal, was man ihnen bietet. Dies ist häufig bei Menschen im Jugendalter deutlicher sichtbar als bei jüngeren Kindern, was aber unserer Erfahrung nach nichts über das Vorhandensein oder die Häufigkeit dieses Gefühls, verloren zu sein, aussagt. Viele Kinder und Jugendliche, die von dem Gefühl des Verlorenseins geprägt sind, strahlen eine tiefe Einsamkeit aus. In den Eltern und anderen Erziehenden, die sich ihrer Gefühlswelt öffnen, ruft dies ein Echo hervor, eine Resonanz, in der sie spüren, dass sie das Kind oder den Jugendlichen verloren haben. Sie spüren damit etwas, was das Kind als Gefühl in sich trägt, wofür es aber keine Worte hat und was es nicht mitteilen kann.

Kinder und Jugendliche, die sich verloren fühlen, haben etwas verloren. Dies zu verstehen ist wichtig. Sie haben ihre Geborgenheit verloren, vielleicht auch ihre Sicherheit, ihre Zugehörigkeit zur Familie oder zu anderen, und meist auch das Vertrauen in sich und in andere Menschen. Oft ist diese Erfahrung damit verbunden, dass sie sich sicher sind: »Mich sieht niemand. Mich versteht niemand.« Noch einmal: Kinder, die sich verloren fühlen, haben etwas verloren. Das ist eine sichere Erkenntnis. Was sie jeweils verloren haben, kann Unterschiedliches sein.

Manchmal zeigt sich das Gefühl des Verlorenseins darin, dass Kinder im Spiel und Sport nicht verlieren können. Alexa spielte gern mit ihren Eltern und vor allem mit ihrer Schwester Brettspiele. Doch irgendwann hielt sie es nicht mehr aus, zu verlieren. Immer wenn sie verlor, verzweifelte sie, begann zu weinen oder rannte weg. Sie wollte sich nicht so verhalten und schämte sich dessen. »Alles« entzog sich ihrer Kontrolle. Die kleinere Schwester und die Eltern verstanden es nicht. Alexa auch nicht. Die Schwester und die Eltern verstanden sie nicht. Alexa sich selbst auch nicht. Erst die Spur, dass Kinder wie Alexa, die nicht verlieren können, schon etwas verloren haben, half weiter. Bei Alexa war es der zehn Jahre ältere Halbbruder, den sie sehr geliebt hatte und der gestorben war. Sie hatte ihre Trauer nicht teilen und sich von ihrem Halbbruder, der meistens in der »anderen« Familie wohnte, nicht verabschieden können. Die Eltern hatten ihr nicht zumuten wollen, ihren Bruder, der schon lange krank gewesen war, noch einmal auf dem Sterbebett zu sehen und an der Beerdigung teilzunehmen. Also hatte sie den Bruder verloren, ohne Abschied nehmen zu können, war allein geblieben mit ihrem Gefühlswirrwarr und hatte so auch ihr Traurigsein verloren.

Wenn Kinder und Jugendliche etwas oder jemanden verlieren, ist es wichtig, zu trauern. Trauern ist, wie wir schon beschrieben haben, das Gefühl des Loslassens und dient dem Abschiednehmen. Wenn Kinder nicht verlieren können oder es andere Anzeichen gibt, dass sie sich verloren fühlen, dann ist es hilfreich, dieser Spur nachzugehen. Vielleicht ist es notwendig, von etwas oder jemandem, was oder wer auch immer es sein mag und für die Kinder Bedeutung hat, Abschied zu nehmen und die Kinder in ihrer Trauer zu begleiten. Grundsätzlich ist es wichtig, Kindern, die verloren gegangen sind und sich verloren fühlen, dabei zu helfen, aus der Einsamkeit herauszufinden und sich in ihrer Gefühlswelt wiederzufinden.

Angst

Kinder müssen Angst haben. So vieles, was sie erleben, ist neu. Fast täglich lauert Unbekanntes. Jede neue Herausforderung ist auch eine Einladung ins Ungewisse, potenziell Gefährliche. Zu wenig ist noch vertraut und selbstverständlich. Wackelig, ja manchmal brüchig ist der Boden, von dem aus neue Schritte in das Leben, in die Welt hinein unternommen werden müssen. Das gilt für die kleinen Kinder ebenso wie für die Jugendlichen, die vor ihrer Umgebung nie zugeben würden, Angst zu haben. Auch sie beschreiten viele Wege ins Ungewisse, ins Mann- oder Frauwerden, in die Welt der Erwachsenen, in die Statuskämpfe der Jugendcliquen, in die Herausforderungen beruflicher Orientierung und von Entscheidungen über den weiteren Lebensweg, in das Lieben oder Geliebtwerden innerhalb der eigenen Generation und vieles mehr. All dies ruft Angst hervor, muss Angst hervorrufen, weil Angst das Gefühl ist, das vor Ungewissem, vor potenziell Bedrohlichem warnt, das den Organismus mobilisiert, das die Botschaft aussendet: Achtung, aufpassen!

Angst und Schrecken müssen wir Erwachsenen haben, wenn Kinder ganz ohne Angst, ohne Furcht sind: Das sind oft diejenigen Kinder, die nichts mehr zu fürchten, nichts mehr zu verlieren haben, die das Fürchten und Angsthaben verlernt haben. Ihre Lebenserfahrung ist eine Abfolge von Herabwürdigung, Verachtung und Entwertung. Mit der Angst sind viele andere Gefühle weggeschwemmt worden – mit dem raumgreifenden Gefühl der Gefühllosigkeit werden wir uns in einem der nächsten Kapitel beschäftigen.

Angst hat unter den Erwachsenen einen schlechten Ruf, der oft in einer Art und Weise auf die Ängste der Kinder übertragen wird, dass deren Angst abgewertet, ja weggewischt wird. »Du brauchst doch keine Angst zu haben«, ist einer der Sätze, die Kinder am häufigsten hören. Dabei ist es doch eigentlich normal, dass ein Kind sich auf den Tag der Einschulung nicht nur freut, sondern auch Angst vor dem hat, was es dort erwarten mag. Es ist verständlich, dass unbekannte Geräusche und Schattenspiele das Kleinkind ängstigen, da es nicht weiß, was sich hinter ihnen verbirgt. Es ist sogar nützlich, dass sich ein Kind vor Autos fürchtet, weil es dann achtsamer ist, bevor es die Straße überquert.

Aus dem Gesagten folgern wir, dass die Angst der Kinder Respekt verdient. Kinder müssen hören: »Ja, ich verstehe, dass du Angst hast.« Wird diese Angst abgewertet und für »überflüssig« erklärt, können die Kinder lernen: Meine Angst ist falsch – meine Gefühle sind falsch – ich bin falsch. Selbstverständlich brauchen Kinder nicht nur eine Bestätigung, dass sie Angst haben dürfen. Sie brauchen auch Hilfen, mit der Angst umzugehen und ihre Angst zu bewältigen. Der Königsweg besteht unserer Meinung nach aus drei Elementen: konkretisieren, begleiten, vertrauen.

Ängste sind häufig diffus, nicht greifbar und können dadurch lähmen und sich potenzieren. Konkretisieren bedeutet, die Ängste zu differenzieren und konkret zu betrachten. Wenn das Kleinkind sich nachts ängstigt, hilft es ihm wahrscheinlich nicht, wenn Eltern sagen: »Hier ist doch nichts« – was uns Erwachsenen am schnellsten einfällt. Hilfreich ist es, sich neben das Kinderbett zu hocken und mit dem Kind darüber zu sprechen, was es sieht oder hört. Vielleicht sieht es ein beängstigendes Tier oder hört ein leises Murmeln. Dann können Eltern konkretisieren und erläutern: »Dieser dunkle Fleck, das ist der Schatten, den das Mondlicht wirft …«, »Das Murmeln ist die Heizung, die immer mal anspringt …« Manchmal reicht dies nicht, dann ist konkrete Abhilfe vonnöten, zum Beispiel mit einer Nachtlichtlampe, die die »bösen Schatten« vertreibt. Wenn sich ein Kind vor dem ersten Schultag ängstigt, dann hilft es vielleicht, mit dem Kind darüber zu sprechen, welche Schulkinder es schon vom Kindergarten kennt. Oder es hilft ein erster Kontakt mit der Lehrerin oder dem Lehrer oder ein gemeinsamer Besuch des Schulgebäudes. Solche konkreten Schritte können sich nur ergeben, wenn die Angst des Kindes ernst genommen und konkretisiert wird. Auf die Frage: »Wovor hast du denn Angst, wenn du in die Schule kommst?«, kann es nämlich viele Antworten geben, zum Beispiel, dass »die Lehrerin mich nicht mag«, dass »ich mich in der Schule verlaufe« oder dass »die anderen Kinder doof sind«. Je nach Antwort muss das Hilfsangebot unterschiedlich sein.

Die Angst der Kinder braucht Begleitung. Dazu gehört das konkretisierende Nachfragen genauso wie zum Beispiel ein Umarmen. Wenn Kinder sich in ihrer Angst alleingelassen fühlen, wächst die Angst. Wird sie nicht geteilt, wird sie irgendwann auch nicht mehr mitgeteilt. Erhält sie keine konkrete Unterstützung, nistet sie sich im Kind ein.

Kinder brauchen auch das Vertrauen, Herausforderungen bewältigen zu können und durch Ängste hindurchzugehen. »Du schaffst das.« Dieses Vertrauen braucht aber einen Boden, sonst wird es hohler Druck, der die Angst chronifizieren kann. Der Boden für das Vertrauen besteht in den Elementen, die wir bislang erwähnt haben, im Begleiten bei der Bewältigung der Angst, im konkretisierenden Nachfragen und darin, die Angst ernst zu nehmen. Das ist ohne Zweifel eine schwierige Gratwanderung, bei der wir Erwachsene immer wieder in die Gefahr geraten, danebenzutappen. Vertrauen in die Selbsthilfekräfte des Kindes, wenn seine Angst ernst genommen, konkretisiert und begleitet wird, kann seinen Ausdruck darin finden, mit den Kindern ein Angstfresserchen zu malen, ein Lied zu komponieren, einen Zauberspruch zu dichten oder eine Geste zu finden, kurz: ein Symbol oder ein Ritual zu kreieren, das die Angst vertreiben hilft.

Erfährt ein Kind diese Hilfestellungen in seinem Ängstigen nicht oder wird seine Angst durch ein traumatisches Erlebnis oder andere Überforderung so groß, dass sie seine Fähigkeiten der Bewältigung übersteigt, dann kann die zunächst konkrete Angst zu einer Grundstimmung werden. Aus einem Kind, das sich ängstigt, wird ein ängstliches Kind. Manchmal äußert sich dies darin, dass diffuse Ängste gleichsam frei umherschweben und sich auf dieses oder jenes Lebensereignis legen. Dora, die von einer Mitschülerin geschlagen wurde und sich damit alleingelassen fühlte, bekam danach Angst, mit dem Rad zu fahren, was sie vorher gern getan hatte. Bei anderen Kindern wird eine konkrete Angst, zum Beispiel die vor Dunkelheit, so groß, dass sie sich verselbstständigt und alle anderen Ängste ebenso überlagert wie viele andere Gefühle und Lebensäußerungen. Dann wird aus der konkreten Angst vor einem ungewissen, herausfordernden und potenziell bedrohlichen Ereignis eine existenzielle Angst.

Diese beiden Arten von Ängsten lassen sich nicht nur im konkreten Fühlen und Verhalten unterscheiden, sondern werden auch in Forschungsergebnissen der Hirnforschung deutlich und sichtbar. Der Mensch verfügt auf der einen Seite über ein breites Spektrum von Gefühlen, die ihm helfen, sich in seinem Leben spontan zu verhalten. Daneben gibt es eine Art Existenzsicherungsprogramm, das in Urzeiten, als unsere Vorfahren mit Mammuts und Säbelzahntigern kämpften, entstanden ist und das wir mit vielen Tieren gemeinsam haben. Es reagiert dann, wenn Menschen sich existenziell bedroht fühlen. Dieses Notfallprogramm umfasst viele biochemische Prozesse. Gefühlsmäßig gehört dazu die existenzielle Angst.

Kinder mit existenzieller Angst brauchen Sicherheit. Sie brauchen Schutz und Sicherheit vor Bedrohung, um wieder Vertrauen aufbauen zu können. Häufig sind Eltern und andere Erziehende damit überfordert, und professionelle therapeutische Hilfe ist notwendig.

Damit sich bei Kindern existenzielle Ängste verfestigen können, braucht es entweder eine Erfahrung starker Bedrohung, zum Beispiel durch Gewalt, Verkehrsunfälle, sexuelle Übergriffe, grundsätzliches Unerwünschtsein und Ähnliches, oder sich wiederholende Bedrohungen, denen sich das Kind hilflos ausgeliefert fühlt, zum Beispiel Jähzornattacken eines Elternteils, Mobbing in der Schule oder Dauerstreit der Eltern. Immer muss aber ein weiterer Faktor hinzukommen, nämlich der, dass sich das Kind in seinen Ängsten alleingelassen fühlt. Kinder brauchen Unterstützung, Solidarität, Parteilichkeit und Trost, wenn sie sich bedroht fühlen. Die Dreijährigen ebenso wie die 13-jährigen. Erhalten sie diese nicht, aus welchen Gründen auch immer, werden sie von der Angst überwältigt, und aus der konkreten Bedrohung wird eine dauerhafte Bedrohung, eine Gefahr, die als existenziell empfunden wird.

Eine weitere Form der Angst ist noch zu erwähnen: die delegierte Angst. Wir sind in der Therapie mit Kindern und Erwachsenen, die sich mit ihrer Kindheit beschäftigen, oft auf die Spurensuche nach Quellen und Auslösern ihrer Ängste gegangen. Viele Klient_innen sind fündig geworden – aber nicht alle. Letztere kommen ihrem Angsterleben fast immer auf die Spur, wenn wir sie nach den Ängsten der Eltern oder anderer wesentlicher Bezugspersonen fragen. Und nahezu immer hören wir Antworten, dass die Eltern, zumindest ein Elternteil, sehr ängstlich waren oder sind und in Angst und Bedrohung, zumindest phasenweise, gelebt haben. Diese Angst wird oft nicht offen ausgesprochen, sondern wabert als Atmosphäre durch den Raum. Dieser atmosphärische Nebel sickert in die Kinder ein und legt sich auf ihre Seelen: »Immer wenn ich nach der Schule unsere Wohnung betrete, bekomme ich Angst und weiß nicht, wieso«, erzählte ein 14-jähriges Mädchen. Andere Kinder können es nicht einmal an einem konkreten Zeitpunkt oder einer konkreten Situation festmachen, dass sie sich ängstigen, die Angst ist diffus in sie eingesickert. Wir sprechen hier von delegierter Angst, weil die Angst nicht aus eigenen Erfahrungen, Überforderungen oder Bedrohungen heraus entstanden ist, sondern von Eltern an Kinder unbewusst delegiert wurde. Diese Angst in einem ersten Schritt als delegiert zu identifizieren ist äußerst wichtig. Denn Kinder, die unter delegierter Angst leiden, versuchen zumeist, gegen diese Angst anzukämpfen, bekommen sie aber nicht »zu greifen«, machen sich selbst Vorwürfe, dass sie nicht angstfrei werden und ihre Ängste nicht erfolgreich bekämpfen können, was dann zu weiterer Verunsicherung führt. Im zweiten Schritt ist die tätige Mithilfe der Erwachsenen notwendig, vor allem die der Eltern. Wenn die angstvollen Erwachsenen ihre Angst aussprechen und benennen, wenn sie dem Kind erklären: »Das ist meine Angst und du hast andere Gefühle, du darfst andere Gefühle haben«, wenn sie selbst etwas tun, um ihre Ängste zu bewältigen, dann besteht keine Gefahr der Delegation, dann haben Kinder auch die Chance, delegierte Ängste wieder loszuwerden.

Schutzbedürfnis und das Gefühl der Selbstsicherheit

Wenn die dreijährige Lena unsicher wird, läuft sie zu ihrer Mama, zum Beispiel dann, wenn ein fremder Mensch die Wohnung betritt oder sie ein Geräusch hört, das sie nicht kennt. Wenn Lena unsicher wird, spürt sie, dass sie Schutz braucht.

Alle Kinder brauchen am Anfang ihres Lebens das Gefühl, beschützt und sicher zu sein. Denn vieles, was ihre Sinne wahrnehmen, ist ihnen fremd, vieles kann eine Bedrohung sein, und dagegen hilft es, sich beschützt zu fühlen. Das gilt nicht nur für kleine Kinder. Auch ältere Kinder und Jugendliche betreten immer wieder neue Lebenswelten und erkunden sie. Das beginnt mit dem Kindergarten oder dem Besuch bei der Nachbarsfamilie oder den Eltern der Freundin und setzt sich fort in der Schule, im Verein, in Jugendgruppen und anderem. Das Gefühl, Angst zu haben, Unbekanntem und Bedrohlichem ausgesetzt zu sein, überfordert und nicht beschützt zu sein, kann im Laufe der Zeit immer wieder neu auftreten. Die Form der Herausforderung für das Kind ändert sich im Lauf seiner Entwicklung, das Grundbedürfnis nach Schutz bleibt stabil.

Vor allem kleine Kinder haben keine Worte für dieses Gefühl. Sie spüren es. Sie zeigen es in ihrem Verhalten wie Lena, wenn sie sich an ihre Mutter klammert. Auch ältere Kinder reden nur selten darüber. Sie wollen cool sein. Ihr Schutzbedürfnis zu zeigen ist ihnen meist umso peinlicher, je älter sie werden. Das Grundbedürfnis nach Schutz bleibt bestehen, ob die Kinder dafür Worte finden oder nicht.

Was können Eltern und andere Erziehende tun? Sie sollten vor allem akzeptieren, dass es dieses Grundbedürfnis in Kindern und generell in Menschen gibt und dass sich das Gefühl, beschützt sein zu wollen und zu sein, sehr widersprüchlich zeigt. Kinder und Jugendliche sind Schutzbefohlene. Sie sind schutzbedürftig UND brauchen immer mal wieder das Gefühl, unabhängig zu sein und je nach Situation, Temperament und Persönlichkeit trotz ihrer Verletzlichkeit ihre abenteuerlustige, wagemutige, selbstbestimmte und selbstbewusste Seite leben zu können. Sie brauchen manchmal mehr, manchmal weniger Schutz, als Erwachsene meinen, und sie zeigen das manchmal mehr, manchmal weniger deutlich. Bei kleinen Kindern sind Eltern und andere Erwachsene ganz besonders auf ihre Einfühlsamkeit, Resonanzbereitschaft und -fähigkeit angewiesen, um das stimmige Ausmaß des schützenden Verhaltens zu finden. Mit zunehmendem Alter erweitern sich die Möglichkeiten, auch im sprachlichen Austausch dem Grundbedürfnis nach Schutz Rechnung zu tragen. Eltern und andere Erziehende sind immer wieder dazu aufgefordert, auszuloten und abzuwägen zwischen ihrem Wunsch beziehungsweise Anliegen, die Kinder und Jugendlichen zu schützen, UND der Notwendigkeit, den Kindern den Freiraum und Spielraum zu geben, den sie brauchen, um ihre eigenen Erfahrungen zu machen und zu wachsen. Also, um die angesprochene Widersprüchlichkeit, die es auszuhalten und zu leben gilt, auf eine kurze und lapidare Formel zu bringen: Mal so UND mal so.

Das zweite Zauberwort neben dem großen UND lautet »Rückhalt«. Manchmal, das wissen alle Eltern und anderen Erziehenden, ist es (oder scheint es) zum Schutz der Kinder und Jugendlichen notwendig, sie zurückzuhalten, damit sie sich »nicht ins Unglück stürzen«. Das aber ist hier nicht gemeint, sondern es ist die Aufforderung, Rückhalt zu geben im Sinne von Rückendeckung: »Du schaffst das, auch wenn du unsicher bist, auch wenn du Angst hast. Ich unterstütze dich. Wenn du jetzt in die Schule gehst, weiß ich, dass das neu ist und unsicher macht. Du wirst das schaffen. Ich stehe hinter dir!«

Rückhalt und Rückendeckung geben einem Menschenkind die Sicherheit, beschützt zu sein, um sich in der Welt zu bewegen. Nur ein Kind, das Sicherheit erfahren hat, kann sich in sich sicher fühlen, kann das grundlegende Gefühl der Selbstsicherheit als Möglichkeit in sich tragen. Sicherheit ist demnach das dritte Zauberwort.

Und dann gibt es noch ein viertes, und das heißt »Zuhören«. Richtig zuhören bedeutet, dem Kind Aufmerksamkeit zu schenken und Interesse zu zeigen, nicht nur, wenn es Probleme hat, aber dann ganz besonders. Gerade dann, wenn es unsicher ist, gerade wenn es sich in neue Situationen begibt oder begeben muss, gerade wenn es schutzbedürftig ist. Dabei hat jedes Kind, seinem Alter und seinem persönlichen Empfinden gemäß, ein Recht auf den Schutz seiner Intimität. Es soll nicht alles erzählen müssen, aber es muss erzählen können und dürfen. Gut hat sich, gerade mit Jugendlichen, die Absprache bewährt: »Ich möchte alles fragen dürfen, du entscheidest, ob du mir antworten magst.«

Sorge und Vertrauen

Sich um andere zu sorgen und für sie zu sorgen belegt in der Hitparade der Gefühle unserem Eindruck nach keine Spitzenplätze. Wenn sich Eltern um ihre Kinder sorgen und dies äußern, dann schwingt in den Reaktionen oft mit, dass sie für »überfürsorglich« gehalten werden. Es werden Assoziationen zu »Helikopter-Eltern« oder Ähnlichem laut. Ist von Fürsorge die Rede, so schwingt oft noch ein anderer Unterton mit: »Die« Fürsorge ist meist amtlicherseits für Kinder da, deren Erziehungsberechtigte nicht genug Sorge tragen für das Wohl ihrer Kinder. Diesen eher schlechten Ruf haben weder Sorge noch das in unseren Ohren menschenzugewandt klingende Wort Fürsorge verdient. Für ein Kind zu sorgen und sich um ein Kind Sorgen zu machen ist gut, und fürsorglich zu sein ist ein Ausdruck elterlichen Mitgefühls und Handelns. Gute Pädagog_innen machen sich Sorgen, wenn Kinder krank sind oder in Not geraten oder wenn es Anzeichen dafür gibt, dass es ihnen in der Familie oder anderen sozialen Gruppen schlecht ergeht oder schlecht ergangen ist. Das zeigt, dass ihnen die Kinder etwas wert sind. Wir möchten also Mut machen, sich um ein Kind zu sorgen und die eigene Fürsorge zu zeigen.

Für Kinder gilt das Gleiche: Auch sie sorgen sich. Wenn Oma krank ist, sorgt sich die Enkelin. Wenn die Mama weint, sorgt sich der Sohn. Wenn die Spielkameradin einen Unfall hatte, sorgt sich ihr Freund und malt ihr ein Bild. Das ist gut so, denn das zeigt Mitgefühl, Wertschätzung und Liebe. Die andere Person ist dem Kind nicht gleichgültig. Es will ihr helfen, sie beschützen, sie bewahren und unterstützen.

Eltern sollten ihre Fürsorge für die Kinder vorleben und sie zeigen. Sie sollten auch darüber reden, dass sie sich um die Kinder kümmern und für sie sorgen, denn das gibt den Kindern Sicherheit und Halt. Dabei ist es wichtig, immer wieder auch gegenüber dem Kind das Vertrauen, das man in es setzt, zu äußern. Vertrauen beinhaltet, einem Kind etwas zuzutrauen. Wer vertraut, traut dem Kind zu, dass es eine Situation meistert. Vertrauen und Zutrauen gelten auch wechselseitig. Die Kinder, die spüren, dass ihnen prinzipiell vertraut wird und deren Vertrauen nicht missbraucht wird, können wahrscheinlich auch Vertrauen und Zutrauen in die Eltern, Erzieher_innen und Lehrer_innen haben. Sie lernen, dass andere sich sowohl um sie sorgen dürfen als auch sich darauf verlassen können, dass sie ihr Leben und ihre Probleme meistern. (Das ist dann eine besondere Variante des Gefühls der Sorglosigkeit, das zu erfahren wir allen Kindern wünschen.) Sicher ist: Sorge und Vertrauen gehören zusammen, sind zwei Seiten einer Medaille, Brüder oder Schwestern.

Die große Abwertung von Sorge und Fürsorge als überfürsorglich oder Helikopter-Verhalten bezieht sich auf erwachsene Verhaltensweisen, die den Kindern kaum Spielräume geben, sondern sie zu hundert Prozent, (wenn es möglich wäre, sogar noch mehr) vor den Unbilden des Lebens beschützen sollen. Das gelingt auf Dauer nicht und wird vor allem dazu führen, dass die Kinder nicht selbstständig werden. Wer das Risiko nicht eingehen darf, hinzufallen, wird nie lernen, wieder aufzustehen. Andererseits wird ein Kind, dass nicht erlebt hat, dass sich seine Eltern oder nahe Bezugspersonen um es sorgen, bestenfalls lernen, dass es auch in der Not ganz auf sich allein gestellt ist, dass es niemandem als sich selbst vertrauen kann.

Das Korrektiv zur Unterversorgung an Fürsorglichkeit ist alles, was das Kind darin stärkt, wieder Vertrauen in die Welt und sich selbst entwickeln zu können. Das sind langer Atem, Wahrhaftigkeit, Vertrauenswürdigkeit, Zärtlichkeit, also sich im besten Sinne um es zu sorgen. Das Korrektiv zur Überfürsorglichkeit ist das Vertrauen. Erwachsene dürfen und sollen sich sorgen, UND sie sollen den Kindern zeigen, dass sie ihnen vertrauen. Wenn beides gelebt wird, können sich auch beide Gefühle in den Kindern entfalten.

Gefühl der Gefühllosigkeit

Erik wird von den anderen Kindern »Zombie« genannt. Dieser Spitzname ist treffend, wahrscheinlich mehr, als die Kinder ahnen. Erik lässt alles kalt. Wenn der Lehrer ihn in den Augen der anderen fertigmacht oder Mädchen ihn auslachen, zuckt er nur mit den Schultern. Wenn er mit blauen Beulen zur Schule kommt, weil der Vater ihn wieder einmal verprügelt hat, lacht er nur darüber: »Macht doch nichts.« Vielleicht ist manches von diesem Unbeteiligtsein nur gespielt, sozusagen ein Notprogramm. Denn Erik vermittelt den Eindruck, sich ein wenig darin zu sonnen, anders zu sein als die anderen, und die Mischung aus Ehrfurcht, Staunen und Befremden, die die anderen ihm entgegenbringen, zu genießen. Er hat dadurch zwar keinen Anführerstatus unter den Jungen, aber er ist unantastbar, an ihn wagt sich niemand heran. Denn wenn es um Schlägereien geht, kennt er keine Grenzen und nimmt weder Rücksicht auf sich noch auf andere.

Als Zombies werden die »Untoten« der Horrorfilme bezeichnet, die lebenden Toten. In Erik ist etwas gestorben: Zumindest ein Teil seiner Gefühle wurde ersetzt durch das

Gefühl der Gefühllosigkeit. Auch das Gefühl der Gefühllosigkeit ist eine Regung, die das emotionale Verhalten bestimmt. Selbstverständlich wird das Gefühl der Gefühllosigkeit nicht alle Gefühle Eriks ersetzen. Diesem absoluten Gefühl der Gefühllosigkeit sind wir bei manchen Erwachsenen begegnet; bei Kindern scheint es hoffnungsvollerweise nicht möglich zu sein, dass sich das Gefühl der Gefühllosigkeit schon im Ganzen ausbreiten und durchsetzen konnte, dafür ist ihre Lebensspanne noch zu kurz und ihre Vitalität noch groß genug.

Das Gefühl der Gefühllosigkeit ist bei Erik wie bei den anderen Kindern, die es kennen, dadurch entstanden, dass für Erik bestimmte Erfahrungen emotional nicht mehr aushaltbar waren. Als er vier Jahre alt war, floh seine Mutter vor den Schlägen seines Vaters, den Erik aber verehrte und dem er alles verzieh. Die Mutter wurde vor Verzweiflung krank, sodass Erik beim Vater blieb, sich von der Mutter verraten und verlassen fühlte und sich zudem die Hasstiraden seines Vaters über »die Schlampe« nahezu täglich anhören musste. Der Vater war für Erik die einzige Person, die ihm noch blieb und an der er hing – und diese Person verprügelte ihn regelmäßig. Der Konflikt zwischen Liebe auf der einen Seite und Zorn und Hilflosigkeit auf der anderen Seite war für ihn nicht zu bewältigen, sodass er all diese Gefühle und einige darüber hinaus in das Gefühl der Gefühllosigkeit »umtauschte«.

Das Gefühl der Gefühllosigkeit entsteht also bei Kindern immer als Schutz davor, psychisch beziehungsweise physisch zusammenzubrechen. Oft ist es neben wiederholter körperlicher Gewalt die Erfahrung von Trauer, in der die Kinder einsam und ungetröstet bleiben, sind es sexuelle Übergriffe oder andere Verletzungen der Intimität, sind es wiederholte Erfahrungen von Leere, über die sich das Gefühl der Gefühllosigkeit gleichsam wie ein Schutzmantel legt.

Die Folgen können dramatisch sein. Die Kinder verrohen gegen sich und gegen andere. Das Mitgefühl für sich selbst und für andere schwindet. Manche beginnen, sich selbst zu verletzen, um sich dadurch wieder zu spüren, einige verletzen andere Menschen oder quälen Tiere.

Wesentlich ist, dass man das Gefühl der Gefühllosigkeit als solches erkennt und nicht prinzipiell, und schon gar nicht bei Kindern, als Charakterschwäche oder Aggressivität missversteht. Das Gefühl der Gefühllosigkeit wird sich allerdings bei manchen Menschen, wenn sie in ihrer persönlichen Entwicklungsgeschichte keine Veränderung durch therapeutische Unterstützung erfahren, zu einem rohen Charakter ausbilden. Dann können die Folgen des Gefühls der Gefühllosigkeit in ungezügelter und verletzender Aggressivität bestehen – wofür es dann keine »Entschuldigung« mehr gibt.

Wenn das Gefühl der Gefühllosigkeit identifiziert ist, eröffnet sich der Weg der Spurensuche nach dem Geschehen, durch das es hervorgerufen wurde. Kinder mit dem Gefühl der Gefühllosigkeit brauchen therapeutische, also heilsame, Hilfe, um das, was sie in das Gefühl der Gefühllosigkeit getrieben hat, anders bewältigen zu können. Sie brauchen von anderen das Gefühl, das ihnen selbst abhandengekommen ist:

Mitgefühl. Sie brauchen Spiegel, die ihnen klar mitteilen, was mit ihnen los ist und welche Folgen das für sie und andere haben kann. Und sie brauchen Menschen mit Geduld und Wärme, denn der Weg aus dem Gefühl der Gefühllosigkeit heraus ist eine Wiederbegegnung mit dem Schmerz und dem Leid, die sie in das Gefühl der Gefühllosigkeit getrieben haben. Das ist nur dadurch zumutbar, dass sie diesmal damit nicht allein sind, sondern von tröstenden und helfenden Erwachsenen begleitet werden.

Geborgenheit

Sich geborgen zu fühlen brauchen Kinder wie ein Grundnahrungsmittel. Fühlen sie sich nicht (mehr) geborgen, verlieren sie ihren inneren Halt und manchmal auch ihren Rhythmus, und sie verlieren ihre Selbstverständlichkeit und ihr Selbstwertgefühl.

Damit Kinder sich geborgen fühlen können, brauchen sie Verlässlichkeit. Das spüren sie daran, dass die Erwachsenen in ihrer Umgebung für sie da sind und ihr Wort halten, dass sie sie nicht verlassen, dass auf sie Verlass ist. Nicht die Zahl der Stunden ist entscheidend, die Erwachsene mit ihren Kindern verbringen, sondern dass sie in der Zeit, in der sie mit ihren Kindern zusammen sind, ganz da sind und sich glaubwürdig entschuldigen, wenn sie aufgrund widriger Umstände ihr Wort nicht halten können. Kinder sind emotional klug. Sie wissen, ob sich jemand auf sie einlässt oder nur so tut, als ob. Sie spüren, ob ein Erwachsener ihnen wahrhaftig gegenübertritt oder »falsch« beziehungsweise taktierend.

Geborgenheit braucht Regeln und Rituale. Die Rituale des Einschlafens, die gemeinsame Mahlzeit, der Fernsehabend, das Spazierengehen, all solche wiederkehrenden Aktivitäten bilden einen Rahmen, innerhalb dessen das Kind sich spielerisch entfalten und auf Entdeckungsreise gehen kann. Dazu gehören auch Regeln, was das Kind darf und was nicht. Regeln, die verlässlich sind, von denen es durchaus Ausnahmen geben kann, die aber als Regeln bestehen bleiben, sodass das Kind weiß, woran es sich zu halten hat und woran nicht. Regeln ohne Zwanghaftigkeit, Regeln mit Spielraum.

Die Wichtigkeit von Ritualen und somit wiederkehrenden Aktivitäten gründet sich auch im Zeiterleben des Kindes. Das kindliche Zeiterleben ist zyklisch, geprägt davon, dass immer alles wiederkehrt, die Jahreszeiten, der Wochenzyklus mit Kindergarten beziehungsweise Schule und Wochenenden, der Zyklus der Feiertage und Geburtstage, der Tagesablauf mit seinen morgendlichen Aufstehgewohnheiten und den sonstigen Ritualen. Nicht »pünktlich auf die Minute« wird von Kindern als Verlässlichkeit erlebt, sondern ein Zeiterleben und Zeitverhalten, die sich auf den Lebensrhythmus des Kindes in seiner Umwelt einstellen. Wenn es Entwicklungssprünge im Älterwerden der Kinder gibt, kann dies eine Umstellung des Tagesablaufs erfordern, der dann wieder verlässlich ist. Dieses Zeiterleben gibt Sicherheit und braucht Bekräftigung. Denn erst in der Pubertät beginnt das Zeiterleben der Jugendlichen, wie bei den Erwachsenen nach vorn, in die Zukunft gerichtet zu sein, ins Beabsichtigen, Planen und Erwarten. Diese Umstellung kann schwierig sein, da das Selbst der Kinder beziehungsweise Jugendlichen, ihr selbstverständliches Sosein, noch nicht ausgeprägt oder gar gefestigt ist und somit der Boden für das neue Zeiterleben noch unvollständig ist.

Geborgenheit braucht auch Wärme. Geliebt oder zumindest gemocht zu werden, eine warme Atmosphäre, Blicke der Zuneigung und Worte der Wertschätzung, all das bildet eine wärmende Hülle, die als Geborgenheit gefühlt wird.

Geborgenheit braucht Vertrauen, Schutz und Sicherheit. Wenn Kinder sich verraten fühlen oder in ihrer Angst alleingelassen werden, wenn Kinder beschämt werden oder keine Hilfe aus ihrer Hilflosigkeit erfahren, wie kann dann Geborgenheit erwachsen? Alles, was dem Vertrauen schadet, steht dem Gefühl der Geborgenheit entgegen. Alles, was Vertrauen unterstützt, fördert Geborgenheit und damit den Boden des Selbstvertrauens.

Falsch sein und sich richtig fühlen

Dass Kinder etwas falsch machen, ist normal. Groß zu werden ist ein andauerndes Experiment von Versuch und Irrtum und bewegt sich zwischen dem Nachahmen der anderen und dem Versuch, Eigenes zu wagen. Dass Kinder dabei Fehler machen, die ihnen zurückgemeldet werden, ist weder schlimm noch kränkend, eher notwendig, sofern dies liebevoll, zumindest achtungsvoll und angemessen sachlich geschieht.

Wird der Ton, mit dem auf Fehler hingewiesen wird, hart oder nörgelnd, abwertend und demütigend, werden Fehler mit Strafen, gleich welcher Art, verbunden, klingt bei jedem Fehler ein »schon wieder« nach, verkümmert oder fehlt gar das Pendant zur Kritik, das Lob, dann erfährt das Kind Hinweise darauf, dass es etwas falsch gemacht hat, nicht mehr als Unterstützung und Begleitung, sondern als Abwertung. Aus dieser Erfahrung wird die Grundstimmung und lebensbegleitende Überzeugung: Alles, was ich mache, ist falsch. Schon Kinder sagen uns das, resigniert wie »Alte«, die bereits verlernt haben, ihr Leben kraftvoll in die Hand zu nehmen.

So erschütternd ein solches Erleben für das Selbstbild des Kindes und seine Stellung in der Welt ist, es gibt noch eine fatale Steigerung: Ich bin falsch. Das Kind erlebt nicht nur sein Verhalten als chronisch falsch, sondern sich als Person. Es wird in seiner Identität, in seinem Selbstwertgefühl zutiefst gekränkt. Erwachsene schildern ihr kindliches Erleben so, dass sie sich zerstört und vernichtet gefühlt haben.

Eine solche Gewissheit im Erleben eines Kindes entsteht nicht über Nacht und ist erst recht nicht angeboren. Sie verdichtet sich über anhaltende und tief gehende Erfahrungen der Entfremdung und des Verlorenseins. Wer nicht angenommen wird, bleibt sich fremd. Wer nicht akzeptiert wird, geht verloren. Wer nicht hört, sieht, spürt oder erfährt, dass er richtig ist, fühlt sich irgendwann falsch.

Wir kennen viele Geschichten von Kindern, die sich sicher waren, bei der Geburt vertauscht worden zu sein und nicht zu den Eltern zu gehören, bei denen sie aufwuchsen. Manche Kinder verstummen, andere werden aggressiv, immer sind sie einsam und hilflos. Manche fühlen sich falsch, zum Beispiel darin, dass sie ein Junge sind, wo doch ein Mädchen in dieser Familie erwünscht gewesen wäre, oder umgekehrt. Von Frauen hören wir oft, dass sie sich viele Jahre ihrer Kindheit durchaus als »richtig« erlebten. In der Pubertät aber, als der Übergang vom Mädchen zur Frau auch äußerlich sichtbar wurde, lag plötzlich etwas in der Luft, was sich wie Falschsein anfühlte und schließlich ihr Selbstbild zu prägen begann.

Das Gefühl, »falsch zu sein« und »eigentlich« nicht der Familie zuzugehören, taucht in der Kinder- und Jugendliteratur häufig auf. Da lebt zum Beispiel ein Junge in einer Familie und wird von den Eltern und dem älteren Bruder drangsaliert und gequält. Alles, was er macht, wird als falsch dargestellt. Er fühlt sich falsch und beginnt, von anderen Eltern zu träumen. Da erscheint plötzlich ein sympathischer Bote, rau, aber herzlich, der ihm mitteilt: »Du gehörst nicht in deine Familie, du bist hier nur zeitweilig untergebracht, da deine Eltern gestorben sind. Deine Eltern waren etwas Besonderes und auch du bist etwas Besonderes.« Die Pflegeeltern werden bestraft, der quälende »Bruder« ebenfalls. Dem Jungen wird aus der

Familie geholfen, er wird neu eingekleidet, beschenkt und in eine andere Umgebung geführt. Dort begegnet er Freunden und Freundinnen und erlebt Abenteuer, in denen er zum Helden wird. Das Besondere an der Geschichte dieses Jungen ist, dass er nicht in eine andere Familie hinein befreit wird, sondern in eine andere Welt, in die Welt der Zauberer. Der Junge heißt Harry Potter. Seine Geschichte ist der Traum zahlreicher Jungen und Mädchen, die sich wie er falsch fühlen, die aber niemand rettet.

Was hilft Harry Potter? Er bekommt das Gefühl vermittelt, am richtigen Ort zu sein und selber richtig zu sein. Er findet Freunde (und Feinde, auch das gehört dazu). Er bekommt eine Aufgabe, die sinnstiftend ist: zu lernen und für das Gute zu kämpfen. Und er erhält eine neue Lebensgeschichte, die zwar traurig ist, da seine Eltern gestorben sind, aber deren Hinterlassenschaft in der tiefen Liebe zu ihrem Sohn besteht. Eine Lebensgeschichte also, in der er sich wiederfinden kann, in der er seinen Platz hat und »richtig« ist. All das wäre anderen Kindern, die sich falsch fühlen, ebenfalls zu wünschen. Damit Kinder sich richtig fühlen, brauchen sie Wohlwollen, Zuneigung, Wärme, Angenommensein in ihrem Sosein, Liebe und Raum für all die Gefühle, mit denen wir uns in diesem Buch bislang beschäftigt haben. Daraus kann Geborgenheit erwachsen und damit das Grundbedürfnis eines jeden Kindes erfüllt werden: richtig zu sein.

Selbstwertgefühl

Das Selbstwertgefühl ist, um es in einem Bild zu beschreiben, ein komplexes Gewebe, das sich aus vielen Erfahrungen und Gefühlsfäden zusammensetzt. In dieses Netz sind Achtung und Selbstachtung, Selbstbewusstsein und Selbstwertschätzung und all das eingewebt, was ein Kind, einen Menschen, die eigene Würde und den eigenen Wert spüren lässt. Das Selbstwertgefühl ist ein »großes« Thema, das wir an dieser Stelle mit einigen Hinweisen zu Zusammenhängen mit anderen Gefühlen, die wir in diesem Buch beschreiben, würdigen wollen.

Wenn Kinder fühlen, dass sie wertvoll sind, wenn sie ein ausgeprägtes Selbstwertgefühl haben, dann können sie Herausforderungen begegnen und sich anderen Menschen gegenüber selbstbewusst zeigen. Wenn nicht, ziehen sie sich eher zurück und leiden. Woran können Eltern und andere Erziehende merken, dass ein Kind unter einem geringen Selbstwertgefühl leidet?

Viele sind sehr schüchtern, in ihrer Ausstrahlung eher misstrauisch als vertrauensselig. Sie trauen sich nichts zu und fürchten, sich zu zeigen und sich anderen zuzumuten. Sie versuchen, damit zu umgehen, dass sie abgelehnt werden und sich abgelehnt fühlen müssen. Wenn sich zum Beispiel ein Kind gar nicht erst darum bemüht, mit anderen mitzuspielen, meint es vermeiden zu können, abgewiesen zu werden. Denn Kinder mit einem geringen Selbstwertgefühl haben eine geringe Frustrationstoleranz. Sie leiden mehr als andere unter Ablehnung und Misserfolgen. Manch andere »nerven« die Erwachsenen, weil sie sich ständig deren Aufmerksamkeit und Anerkennung versichern müssen. Ein solches Verhalten lässt auf einen eklatanten Mangel an Selbstwertgefühl schließen und erreicht das Gegenteil von dem, was Kinder und vor allem Jugendliche eigentlich wollen und brauchen. Sie bekommen abfällige Reaktionen statt Anerkennung, was dann ihr Selbstwertgefühl weiter schwächt. Manche solcher Kinder klammern sich auch über jedes sinnvolle Maß hinaus an Erwachsene, da sie Angst vor Herausforderungen haben.

Wenn Kinder mit einem geringen Selbstwertgefühl trotz dieser Widrigkeiten Erfolge haben und die eine oder andere Herausforderung meistern können, fällt dies auf einen sehr wackeligen Boden. Viele relativieren die Erfolge. Andere Kinder wiederum plustern sich auf. Sie tun so, als ob sie ein großes Selbstwertgefühl hätten, haben es aber nicht. Sie buhlen damit um Wertschätzung und versuchen, ihre Ängstlichkeit und Schüchternheit zu überspielen. Diese Art, so zu tun, als ob, fällt manchmal in sich zusammen, weil sie keine Basis hat und nicht nachhaltig ist. Wenn sich Kinder auf diese Art und Weise um Wertschätzung bemühen, erreichen sie oft das Gegenteil. Sie ecken an, und auch andere Kinder merken, dass ihr Selbstwertgefühl nur scheinbar vorhanden ist.

Ganz gleich, wie die Anzeichen für ein geringes Selbstwertgefühl aussehen: Immer haben sie mit Erfahrungen mit anderen Menschen zu tun. Das Selbstwertgefühl eines Kindes entwickelt sich nicht aus sich heraus, sondern aus den Beziehungserfahrungen vor allem mit Erwachsenen. Sicherlich gibt es Kinder, die von ihrem Naturell her schüchterner sind als andere und umgekehrt. Doch um diese graduellen Unterschiede geht es hier nicht. Hier geht es darum, ob ein Kind im Rahmen seiner Persönlichkeit ein gutes Selbstwertgefühl entwickeln kann. Dazu braucht es die Wertschätzung anderer. Diese äußert sich in Aufmerksamkeit und in ehrlichen Rückmeldungen. Auch ist es wichtig, dass Erfahrungen, die Kinder machen, von Erziehenden wertschätzend begleitet werden. Es geht nicht darum, dass Erwachsene alles toll finden, was die Kinder tun, sondern um Wahrhaftigkeit. Wenn Kinder positive Erfahrungen machen, dass ihnen etwas gelingt und dass sie wirksam sind, dann brauchen sie dazu den Spiegel der anderen, die Rückmeldung und Bestätigung, in Worten, im Tonfall, in Blicken.

Und die Kinder brauchen Vertrauen, dass ihnen etwas zugetraut wird. Wem vertraut wird, der traut sich etwas.

Wie Kinder fühlen lernen

Was die Hirnforschung über das Fühlen sagt

Die Gefühlswelt der Kinder ist bei der Geburt noch nicht ausgeprägt. Sie lernen fühlen. Wie das geschieht und welche Erfahrungen und Prozesse dabei eine Rolle spielen, ist wichtig zu wissen, um Kindern zu helfen, die an ihrer Gefühlswelt leiden.

Wie entwickelt sich das emotionale Leben? Welche Bedeutung haben Gefühle, damit Menschen in der Welt zurechtkommen? Wie können sich festgefahrene Arten des Fühlens (und damit verbunden des Verhaltens) verändern? Auf solche wichtigen Fragen haben in den letzten Jahrzehnten die Neurowissenschaften spannende und hilfreiche Antworten gegeben. In der Zeit davor konnten die Hirnforscher nur Momentaufnahmen des Gehirns machen, einzelne Fotos. Seitdem können sie gleichsam Filme drehen, in denen sichtbar wird, was im Gehirn eines Menschen geschieht, wenn er einer Angst machenden Spinne begegnet oder das Foto einer geliebten Person betrachtet.

Einige der dort gewonnenen Erkenntnisse werden wir im Folgenden vorstellen, um damit den Hintergrund der Aussagen, die wir zu den einzelnen Gefühlen getroffen haben, zu beleuchten und um zu vertiefen, was Kinder im Umgang mit ihren Gefühlen brauchen.

- Eine erste wesentliche Erkenntnis besteht darin, dass die alten Vorstellungen, die von getrennten Instanzen des Fühlens und des Denkens ausgingen, überholt sind. Gefühle spielen bei allen wesentlichen Prozessen des Gehirns eine Rolle, und zwar eine wichtige. Das beginnt bei der Wahrnehmung.
  Jeder Mensch nimmt mit seinen Sinnen mehr wahr, als er bewusst verarbeiten und verkraften kann. Strömten alle Sinneswahrnehmungen ungefiltert in einen Menschen hinein, würde er in kurzer Zeit psychisch zusammenbrechen. Deswegen schaltet sich schon bei der Auswahl dessen, was uns von den Sinneseindrücken bewusst wird, eine Auswahlinstanz des Gehirns ein.
  Das Gehirn wählt nach zwei Kriterien aus: Ist etwas neu? Und: Ist etwas wichtig? Bei der Frage nach neu oder bekannt greift das Gehirn auf das Gedächtnis zurück. Bei der Frage, ob ein Sinneseindruck wichtig oder unwichtig ist, wird das limbische System des Gehirns eingeschaltet, das System, das vorrangig Gefühle produziert und reguliert. Zum Beispiel bei den Gerüchen: Wenn sich ein Kind vor Käse ekelt, werden Käsegerüche vorrangig wahrgenommen. Schon Säuglinge können nach wenigen Lebenswochen den Duft von Kleidungsstücken der Mutter von dem

anderer unterscheiden – das limbische System hält diesen Geruch für wichtiger als andere, da es ihn mit Wärme und Liebe verbindet. Es ist natürlich nicht ein einzelner Teil im Gehirn, der diese Prozesse vornimmt, es ist der gesamte Organismus des Menschen, der sich des limbischen Systems gleichsam bedient.

- Ob bei den Sinneswahrnehmungen oder bei anderen Tätigkeiten des Gehirns, immer muss das Gehirn unterscheiden, was wichtig und was unwichtig ist, und immer »fragt« es dabei das limbische System. Die Gefühle sind eine Bewertungsinstanz. Vor allem bei Bewertungen, die schnell gehen müssen, die kein langes Abwägen des Für und Wider erlauben, entscheiden die Gefühle. Gefühle leiten spontanes Handeln. Wenn ein Kind Angst hat, da es den näher kommenden Lastwagen hört, schreckt es vor dem Überqueren der Straße zurück. Wenn es sich freut, die geliebte Oma zu sehen, streckt es ihr die Arme entgegen. Ruft eine unbekannte Nahrung Ekelgefühle hervor, wird sie ausgespuckt oder es wendet sich ab. Wer sich über etwas ärgert, versucht, diesen Umstand aus der Welt zu schaffen. Gefühle sind handlungsleitend, sie bewerten und schaffen Orientierung in der Welt.

  Das gilt zumindest für spontane und schnelle Entscheidungen. Doch auch bei Entscheidungen, die längeres Überlegen ermöglichen und bei denen das Gedächtnis und die Vernunft herangezogen werden können, spielen die Gefühle den Ergebnissen der Hirnforscher_innen zufolge eine viel größere Rolle, als man früher angenommen hat. All dies belegt: Ein reiches und differenziertes Gefühlsleben der Kinder hilft ihnen, sich in der Welt zurechtzufinden.

- Auch Erfahrungen des Fühlens werden im Gehirn gespeichert. Wenn ein Kind traurig ist und Trost erfährt, speichert das Gehirn, dass es Unterstützung bewirkt, wenn man Trauer zeigt. Das Kind wird beim nächsten Mal, wenn es traurig ist, wieder auf diese Erfahrung zurückgreifen. Das Gehirn lernt immer. Wenn das Kind in seiner Trauer allerdings allein bleibt oder gar zurückgewiesen und verlacht wird (»Heulsuse«), dann lernt es auch aus dieser Erfahrung und wird sich emotional zurückziehen. Je häufiger und je einschneidender solche Erfahrungen sind, desto prägender werden sie dafür, wie das Kind mit seinen Gefühlen umgeht.
  Wenn Kinder durch solche schlechten Erfahrungen in ihrem Gefühlsleben feststecken und leiden, brauchen sie keine Belehrungen, sondern neue Erfahrungen, wie mit Gefühlen umgegangen werden kann – sei es in einer Therapie, im Elternhaus oder in anderen Lebensbereichen.

- Wenn der Vater seinen beruflichen Ärger in sich hineinfrisst, wenn Eltern bei jeder Kleinigkeit jähzornig aufeinander losgehen, wenn der große Bruder die kleinere

Schwester auslacht und beschämt – dann lernen Kinder von diesen Vorbildern. Und wieder: Das Gehirn lernt immer. Kinder schauen in die Welt hinein, schauen sich vieles ab, imitieren und probieren. Vorbilder werden übernommen, also imitiert und abgebildet. Oder Kinder schwören sich: So wie mein trinkender und gewalttätiger Vater will ich nie werden! – und versuchen, das Gegenteil zu werden und alle aggressiven Gefühle zu unterdrücken. Auch hier geschieht Lernen durch Vorbild, in diesem Fall durch ein negatives Vorbild. Kinder brauchen, um fühlen zu lernen, gute Vorbilder, die ehrlich und offen mit ihren Gefühlen umgehen. Und sie brauchen die Erlaubnis, ihre eigenen Erfahrungen des Fühlens machen zu dürfen. Die Neurowissenschaft bestätigt die Wichtigkeit des Lernens durch Vorbilder und betont darüber hinaus generell, dass Lernen in erster Linie auf sinnlichen Erfahrungen beruht. Bei jedem Gefühl greift das Gehirn auch auf die bisherigen emotionalen Erfahrungen zurück. Also müssen Kinder die Möglichkeit haben, solche Erfahrungen zu machen. Fühlen lernen Kinder durch Vorbilder – und durch Fühlen.

- Nach der Pubertät erfolgt eine Veränderung im Gehirn: Die Erfahrungen im Neocortex (»Festplatte«) werden auch biologisch mehr verfestigt; sie können sich zwar weiterhin verändern, die Nervenbahnen werden aber von einer Art Schutzmantel umgeben und so abgeschirmt und stabilisiert. Die letzten Bereiche, die so gefestigt werden, sind die

Bereiche des Gehirns, in denen Werte und Bewertungsmaßstäbe gespeichert werden, also gleichsam die Ergebnisse der emotionalen Erfahrungen im Vorbild- und Selbsterleben der Kinder. Nun gilt es, Eigenes zu betonen, eigene Bewertungen, die sich von denen der Eltern und anderer Erwachsener unterscheiden. Um diese Unterscheidung hervorzuheben, werden oft äußere Zeichen wie Kleidung, Aussehen, Sprache, Musik und sonstige Vorlieben und Merkmale zu Hilfe genommen.

Das Eigene ist noch nicht gefestigt, noch nicht sicher, manchmal arg brüchig. Entsprechend unbeholfen klingt manchmal das Betonen der eigenen Werte. Jugendliche suchen und versuchen, eigene Möglichkeiten des Fühlens und Handelns zu finden. Gleichzeitig ändert sich ihr Körper, werden sie Mann oder Frau, ändern sich viele soziale Beziehungen, sollen und wollen sie eine eigene Position in ihrer Welt beziehen. All das bringt ihr Gefühlsleben durcheinander und festigt es zugleich. Sie wollen so sein, wie sie sein wollen. Wie das aber ist, wissen sie noch nicht genau und es ändert sich manchmal täglich. Das Beste, was Eltern und andere Erziehende in dieser Zeit für die Heranwachsenden tun können, ist, so gelassen und gleichzeitig so authentisch wie möglich zu sein. Jugendliche brauchen Geduld und Spielräume, sie brauchen aber auch Gegenüber, an denen sie sich reiben und mit denen sie sich messen können.

- Auf eine Besonderheit kindlichen und jugendlichen Gefühlslebens, die die Hirnforschung bestätigt und weiter herausgearbeitet hat, müssen wir noch eingehen: die archaischen Gefühle. Damit sind die Gefühle gemeint, die in Situationen auftreten, die als existenziell bedrohlich erlebt werden. Diese Gefühlsreaktionen, die wir mit vielen Tieren teilen, sind in Urzeiten entstanden, als die Menschen nahezu täglich existenziellen Bedrohungen ausgesetzt waren. Wenn damals ein Säbelzahntiger brüllte, hatte ein Urmensch drei Möglichkeiten, in die ihn Gefühle geleiteten: Er konnte kämpfen und voller aggressiver Gefühle versuchen, den Säbelzahntiger zu besiegen. Er konnte fliehen, seine Angst »machte ihm Beine«, wie das Sprichwort sagt. Wenn beides nicht möglich war, konnte er sich verstecken und dabei im Gefühl der Gefühllosigkeit erstarren.
  Nun gibt es heute keine Säbelzahntiger oder Mammuts mehr. Aber es gibt Autos, deren quietschende Reifen manchmal Menschen genauso erstarren lassen wie ein Tigerbrüllen. Und es gibt viele andere Situationen, die Kinder (und Erwachsene) als existenziell bedrohlich erleben. Jede Krise ist eine existenziell bedrohliche Erfahrung, jedes Trauma durch sexuelle oder andere Gewalt kann auch später noch bei Kindern wie Erwachsenen archaische Gefühle und die entsprechenden Reaktionen auslösen. Im Gehirn wird jede ankommende Information daraufhin überprüft, ob sie mit existenziell bedrohlichen Situationen zusammenhängt. Dafür gibt es vor allem eine spezialisierte Region: die Amyg-

dala. Das Gehirn eines Kindes, das im Krankenhaus war und dies als existenziell bedrohlich erlebt hat, kann durch entsprechende Szenen im Fernsehen oder durch einen medizinischen Geruch das Notfallprogramm auslösen, sodass das Kind mit archaischen Gefühlen reagiert: Es kämpft, als ginge es um sein Leben, flieht panisch oder erstarrt.

All diese Erkenntnisse zeigen die Wichtigkeit der Gefühle der Kinder und bestätigen unsere Auffassung, dass die Gefühle der Kinder Respekt, Unterstützung und würdigende Beachtung verdienen. Sie zeigen aber auch: Fühlen ist wie das Wetter – nicht planbar und nicht kontrollierbar. Darauf müssen wir uns einstellen und uns immer wieder überraschen lassen. Früher hat man versucht, Denken und Fühlen sauber zu unterscheiden. Die Gehirnforschung hat bewiesen, dass beides untrennbar miteinander verwoben ist. Die alten Modelle sind genauso überholt wie die Vorstellung, die Erde sei eine Scheibe. Früher hat man auch versucht, den Sitz einzelner Gefühle im Gehirn zu lokalisieren. Nun hat man festgestellt, dass auch dies unmöglich ist. An jedem Gefühl sind mehrere Gehirnpartien beteiligt. Fühlen ist ein so komplexer Vorgang, dass sich jede einfache Schematisierung verbietet. Das Fühlen ist eher wie eine Landschaft, die man sich nach und nach zu erschließen versuchen kann, ohne je damit fertig zu werden. Manches wird immer bekannter, anderes regt unsere Entdeckungslust an, und immer wieder werden wir in Staunen versetzt.

Lernen braucht Gefühl

Lernen ist ein Prozess, dessen Komplexität oft unterschätzt wird. Sich mit Lernen zu beschäftigen bedeutet, das Augenmerk nicht nur auf die kognitiven Prozesse, auf Wissensvermittlung, Sachthemen und dergleichen mehr, zu legen. Sicherlich konzentriert sich der Mathematikunterricht auf die Vermittlung des kleinen Einmaleins bis zu Algorithmen. Doch ob und wie wir lernen, wird entscheidend von unseren Gefühlen geprägt – daran besteht nach heutigem Stand der Wissenschaft kein Zweifel. Und das wissen wir alle auch aus unseren eigenen Schulerfahrungen und aus Lernprozessen vor und außerhalb der Schulzeit.

Ist ein Lernstoff für ein Kind interessant, lernt es ihn besser, als wenn er langweilig ist. Freude unterstützt Lernen. Kinder lernen am besten in kleinen Häppchen und mit Abwechslung. Druck und Spannung wirken der Lernfähigkeit entgegen. Solche und viele andere Einsichten, die gute Pädagog_innen immer schon kannten, haben die Gehirnforscher_innen bestätigt.

Der biologische Hintergrund ist einfach: Nicht nur bei der Wahrnehmung, sondern auch beim Speichern neuer Informationen unterscheidet das Gehirn zwischen wichtig und unwichtig und »fragt« dabei die Gefühle. Alle neuen Informationen geraten im Gehirn zuerst einmal in den »Arbeitsspeicher«, um einen Vergleich aus der Computerwelt zu bemühen. Vor allem während des Schlafens (!) werden dann wichtige Informationen aus dem Arbeitsspeicher auf die Festplatte des Gehirns, vor allem den Neocortex, übertragen – auch hier nicht alles, sondern nur das, was als wichtig bewertet wird. Als wichtig eingestuft werden kann eine Information auch, weil ihr Nichtwissen eine Strafe bewirkt und dies Angst hervorruft. Viel wirkungsvoller aber ist die Motivation, Gelerntes auch zu behalten, wenn sie in Interesse und Neugier begründet ist.

Das Gehirn lernt immer, sagen die Gehirnforscher_innen. Wenn schon die Frage nach den Hausaufgaben mit Druck verbunden ist und ihre Erledigung mit Angst vor der Kontrolle, dann lernen Kinder, dass Lernen Angst macht. Wenn der Mathematikunterricht langweilt, dann lernen Kinder, dass Mathematik (oder Schule) langweilig ist.

Ein kleines Kind lernt jeden Tag, auch ohne dass jemand sagt, dass es dieses oder jenes lernen muss. Es lernt, weil es neugierig ist und sich für etwas interessiert. Der Säugling sieht etwas funkeln. Er richtet seinen Blick und seine Aufmerksamkeit dahin. Er lernt, Gegenstände oder Lichteinfall, Vorder- und Hintergrund und Ähnliches zu unterscheiden. Wenn er ein wenig älter ist, robbt und krabbelt er zu diesem Gegenstand hin, fasst ihn an, nimmt ihn vielleicht auch in den Mund, betastet ihn, lässt ihn möglicherweise fallen. Er lernt, welcher Gegenstand das ist und welche Beziehung er zu diesem Gegenstand aufnehmen kann. In der Schule besteht die pädagogische Kunst darin, die Neugier und das Interesse der Kinder aufzugreifen oder zu wecken, damit sie lernen. Wenn im Mathematikunterricht »trocken« Algorithmen durchgenommen werden, weil sie nun mal auf dem Lehrplan stehen, wird dies weniger Interesse wecken, als wenn eine Lehrkraft, die selbst neugierig und interessiert an gemeinsamen Lernprozessen mit den Schüler_innen ist, ein kleines Programm mit den Schüler_innen auf dem Computer entwickelt und dabei Algorithmen und die damit verbundenen mathematischen Prozesse gelehrt und gelernt werden.

Manche Kinder kennen Lernen nur im Zusammenhang mit Druck; Druck, der wahrscheinlich ursprünglich von Erziehenden und Lehrenden kommt – ob gewollt oder nicht – und sich als innerer Druck im Kind »eingehaust« hat. Sicherlich können Kinder auch »irgendwie«, zumindest kurzfristigen Prüfungsanforderungen etc. angemessen, lernen, wenn sie großem Druck ausgesetzt sind. Doch dieses Lernen ist oft nicht so nachhaltig wie das Lernen, das der Neugier und dem Interesse entspringt. Vor allem führt es dazu, dass die Freude am Lernen verloren gehen kann und bei vielen Kindern verloren geht. Und der Verlust dieser Gefühle, der Freude, der Neugier und des Interesses, behindert das Lernverhalten und damit die Lebensqualität ein Leben lang.

Auch Angst ist ein Gefühl, das leider oft mit Lernen verknüpft ist: die Angst, bestraft zu werden; die Angst, zu versagen, die Angst, wegen schlechter Noten beschämt zu werden. Wie wir es schon in dem Kapitel über Gehirnprozesse und Gefühle beschrieben haben: Jede neuronale Informationsaufnahme ist mit Gefühlen verbunden und vollzieht sich unter Beteiligung des limbischen Systems. Ob Lernen mit Gefühlen verknüpft ist oder nicht, ist also gar nicht die Frage. Die Verknüpfung existiert. Die Frage, die für Eltern und andere Erziehende interessant sein sollte, ist, mit welchen Gefühlen, also wie das Lernen gefördert wird.

Zunächst einmal gilt es die Tatsache zu beachten, dass Lernen immer auch und in entscheidendem Maße eine Beziehungserfahrung ist. Wenn Erwachsene sich an ihre Schulzeit erinnern, werden sie auch wissen, welche Lehrer_innen ihnen sympathisch waren und welche nicht, wem sie vertraut haben und wem weniger, vor wem sie Angst hatten, wen sie bewundert haben usw. Die Beziehung zu den Lehrenden und deren Haltung zu ihren Schüler_innen beeinflusst massiv die Lernhaltung und die Lernfähigkeit. Ein Kind erzählte als Erklärung, warum die Noten in einem Fach plötzlich nach einem Lehrerwechsel abgesackt waren, dass der neue Lehrer nach drei Monaten trotz eigentlich einsehbarem Sitzplan immer noch nicht die Namen der Kinder kannte und sich auch offensichtlich nicht die Mühe machte, sie zu lernen. Auch die anderen Kinder in seiner Klasse, so sagte es, empfanden dies als ein Zeichen von Desinteresse an ihnen und auch sonst mangelnder Achtung und Bedeutung. Und so verringerte sich nicht nur das Interesse an dem Fach, sondern auch das gesamte Lernklima und Lernverhalten, was sich schließlich, wahrscheinlich nicht nur bei diesem einen Kind, auf die Noten niederschlug. Nun mag das in einem Fach, mit einem/einer Lehrer_in verkraftbar sein, wenn dies aber die Lernatmosphäre von Kindern weitgehend bestimmt, dann leiden mit der mangelnden Achtung und Beachtung vonseiten wichtiger Erwachsene auch die Selbstachtung, das Selbstvertrauen und das Selbstwertgefühl der Kinder.

Wenn Kinder etwas lernen, sind sie stolz. Sie fühlen sich in ihrer Wirksamkeit bekräftigt. Vielleicht erinnern Sie sich an das strahlende Gesicht des Kindes, als es zum ersten Mal gelernt hatte, Fahrrad zu fahren, oder das eines älteren Kindes, als es zum ersten Mal den englischen Text seines Lieblingssongs übersetzen konnte. Die Erfahrung und das Gefühl, wirksam zu sein, dadurch dass das Kind etwas verstanden und gelernt hat und nun beherrscht und damit seine Kompetenz wächst, ist ein starker Motor für das Lernen. Deswegen dürfen solche Äußerungen und Signale nicht ins Leere gehen, sondern müssen grundsätzlich erwidert und bestätigt werden.

Stolz ist ein wichtiges Gefühl für Lernprozesse. Der Stolz der Kinder, aber auch der Stolz der Eltern und anderer Erziehender auf das, was Kinder leisten, was Kindern gelingt. Dieser Stolz übermittelt sich nicht von selbst und nebenbei, ist nicht selbstverständlich, wie manche Erwachsenen denken, sondern braucht Worte, Äußerungen. Kinder brauchen Rückmeldungen, wahrhaftige, ehrliche, sie unterstützende und bekräftigende Rückmeldungen.

Spürende Begegnungen, Kinderwürde und Kindergefühle

»Wie Kinder fühlen«: Bereits im Titel unseres Buches äußert sich schon unser übergreifendes Interesse und Ansinnen, Kinder in ihrer Besonderheit und Einmaligkeit zu würdigen. Kinder brauchen Würdigung. Kinderwürde ist ein Menschenrecht und als solches kein Zustand, sondern ein aktiver und kontinuierlicher Prozess, Kinder zu würdigen. Kinderwürde ist Kinderwürdigung. Kinder brauchen die Würdigung ihrer Gefühlswelt.

Kinder erfahren Würde und Würdigung im Beziehungsprozess. Würde entsteht bei Kindern nicht »aus sich heraus«, sondern in der Interaktion, in der Wechselwirkung mit anderen Menschen, insbesondere mit Erwachsenen. Das gilt auch für Kindergefühle, sie werden in der Interaktion lebendig. Gefühle haben den Sinn, spontanes Verhalten zu bestimmen. Das spontane Verhalten schöpft, reagiert und bezieht sich auf andere Menschen und die gesamte Umgebung.

Kinder brauchen emotionalen Austausch und emotionale Würdigung durch andere, um Gefühle zu »lernen« und ihre Gefühle angemessen leben zu können. Wie geht das?

Alle Eltern und anderen Erziehenden werden die Erfahrung gemacht haben, dass der Klang der Stimme einer anderen Person manchmal mehr über deren Befindlichkeit und ihre Gefühlsregungen aussagt als der Inhalt der Worte. Auch der Blickkontakt über die Augen kann oft mehr bewirken (oder verhindern) als das gesprochene Wort. Unser Konzept der Spürenden Begegnungen greift solche Erfahrungen auf. Es hat besondere Bedeutung für die würdige und würdigende Begleitung von Kindern und deren Gefühlsleben, denn Worte allein reichen nicht.

Das Konzept der Spürenden Begegnungen entfaltet dann seine Wirksamkeit, wenn es Eltern und weiteren Erziehenden auf der Suche nach würdigenden Interaktionen mit Kindern Orientierung geben darf: Es »arbeitet« mit fünf grundlegenden Wechselbeziehungen zwischen Menschen: dem Schauen und Gesehenwerden, dem Tönen und Gehörtwerden, dem Greifen und Ergriffenwerden, dem Drücken und Gedrücktwerden, dem Lehnen und Anlehnen.

Diese Interaktionen sind motorisch sinnliche Begegnungen und es sind gleichzeitig Begegnungen des Erlebens. Diese Doppelbedeutung findet sich wieder in Sätzen wie: »Wenn Blicke töten könnten …«, »Wer nicht hören will, muss fühlen«, »Ich fühle mich von dir erdrückt«, »Du ziehst an mir herum und zerrst an meinen Nerven«, oder auch: »Ich fühle mich von dir gesehen«, »… gehört und verstanden«, »Bitte, drück mich, halt mich fest!«, und Ähnlichem. Wir wollen diesen Spürenden Begegnungen im Folgenden noch etwas genauer Aufmerksamkeit schenken, weil sie entscheidend dazu beitragen können, die Haltung und die Interventionsmöglichkeiten von Erziehenden, die die Gefühlswelt der Kinder achten und fördern wollen, zu bereichern. (Dabei können wir in diesem Buch nicht auf die Besonderheiten Spürender Begegnungen eingehen, die sinneseingeschränkte Kinder und Menschen betreffen. Aber auch für sie werden sich in diesem Rahmen eine Vielfalt an helfenden Hinweisen finden lassen.)

Schauen und gesehen werden

Das Schauen hat für Kinder von Geburt an eine große Bedeutung. Wenn sie auf die Welt kommen, ist ihre Augenmuskulatur fast vollständig entwickelt. Schon gleich nach der Geburt können wir Zeuge davon sein, dass sich die Blicke des Neugeborenen in den Augen der Mutter oder des liebevoll zugewandten Erwachsenen versenken und umgekehrt. Schon nach acht Wochen nehmen Säuglinge von sich aus Augenkontakt zur Mutter auf, der Blickkontakt zur Mutter wird zu einem Tanz der Blicke. Im späteren Leben zeigen sich im Dialog der Blicke alle Qualitäten der Begegnungen.

Kinder »fühlen« in ihrer ganz frühen Lebensphase Geborgenheit, Schutz, Sicherheit und Vertrauen (und leider auch das Gegenteil) durch die unmittelbare Spiegelung der Blicke, später durch das Hin und Her der Blicke, durch die Resonanz in der Begegnung. Wenn Kinder kontinuierlich erleben, dass ihre Blicke kein Gegenüber finden, dass ihre Blicke ins Leere gehen, ist das eine existenziell bedrohliche Erfahrung. Übersehen zu werden, sich übersehen zu fühlen schädigt die Ich-Entwicklung und Identität eines Kindes massiv. Ebenso, wie es chronisch starre Blicke sein können, die ein Kind nachhaltig verstören. Denn ein Kind kann es sich selbst nicht anders erklären, als dass es verantwortlich ist für das Erstarren des Elternteils und Erziehenden, auch wenn es nicht weiß, warum. In Blicken können sich alle Monster der Entwürdigung zeigen, neben der Leere die Gewalt, der Schrecken, die (sexualisierte) Beschämung und die Missachtung, Verachtung und Erniedrigung.

Ebenso liegt in Blicken all das, was Kinder und ihre Gefühlswelt würdigt, die Achtung, die prinzipielle Wertschätzung (selbst bei Missbilligung eines bestimmten Verhaltens), das Verständnis und das Interesse, die Wärme, das Zutrauen, die Freundlichkeit und die Zärtlichkeit.

Die pure Lebensfreude können Kleinkinder und Eltern oder andere Bezugspersonen miteinander erleben, wenn sie das Spiel spielen, die Augen hinter einem Tuch oder ihren Händen zu verbergen und plötzlich wieder zum Vorschein kommen zu lassen: »Wo ist denn der Max (die Lisa, der Papa, die Mama …)?« – »Daaaaaa ist der Max (die Lisa, der Papa, die Mama …)« Etwas ältere Kinder erleben beim Versteckspiel, wie spannend-wunderbar es ist, wenn sie nach einiger Zeit – auch von anderen Kindern – gesehen, sprich: gesucht und gefunden, werden.

Um es noch einmal zusammenzufassen: Wenn ein Kind Angst hat, braucht es die Erfahrung, in seiner Angst gesehen zu werden, dies im Blick des anderen zu sehen und zu fühlen. Es benötigt und wünscht den wohlwollenden und seine Gefühle ernst nehmenden Blick. Wenn es trotzig ist oder sich ärgert, braucht es den neugierigen und interessierten, zumindest den nicht abwertenden oder strafenden, Blick der Erwachsenen. Werden Gefühle übersehen, verhallen sie, ganz gleich, wie alt das Kind ist. Gehen sie ins Leere, fühlen sich die Kinder nicht wahrgenommen und nicht ernst genommen. Die Qualität der Blicke ist entscheidend. Blicke können verachten oder würdigen, beschämen oder ernst nehmen. Sie haben manchmal schon alleine ohne die Unterstützung von Worten, Gestik oder Mimik, die Kraft, strafend zu sein und das Kind zum gefühlsmäßigen Verstumme zu bringen. Oder sie können ermutigend sein und das Kind in seiner Lebendigkeit fördern. Sie können dem Kind versichern, dass es gern gesehen und am richtigen Platz ist und dass es »die helle Freude« und eine Augenweide in den Augen des sie liebenden und ihnen wohlwollenden Menschen ist. Sie können dem Kind die Chance eröffnen, die Welt mit offenen Augen zu sehen und einen Maßstab zu haben für das, was gute Beziehungen ausmacht, und gleichzeitig einen guten Zugang zu den eigenen Gefühlen UND Mitgefühl mit anderen zu haben. Und sie können so vielfältige Eigenschaften und Nuancen haben, wie sie die Individuen, die Erwachsenen und die Kinder, in ihre jeweils einzigartige Beziehung und Begegnung einbringen.

Tönen und gehört werden

Das Gefühl der Zugehörigkeit – es hat, wenn man der Melodie des Wortes lauscht, viel zu tun mit der Erfahrung, gehört worden zu sein und gehört zu werden, zugehörig zu sein und die Qualität des Zuhörens wertzuschätzen.

Wenn Säuglinge Töne von sich geben, äußern sie sich trotz fehlender Sprache sehr differenziert. Allein, wie unterschiedlich der Atem ist, von Kind zu Kind oder in den unterschiedlichen Situationen! Oder welch unterschiedliche Qualität das Schmatzen beim Saugen und Trinken haben kann, wenn man lauscht! Wenn die nahen Bezugspersonen hinhören, zuhören, sich von ihrem Kind fürsorglich »erzählen« lassen, kann das der Anfang einer tiefen gegenseitigen Beziehungssicherheit und -zufriedenheit sein.

Eltern, die sich für ihre Kinder interessieren, hören am Klang des Weinens eines Babys, was den Säugling beschäftigt, oder genauer: dass den Säugling etwas beschäftigt, was ihm irgendwie Unwohlsein bereitet. Er verlangt Aufmerksamkeit. Bekommt er sie, gibt es im Laufe der Zeit so etwas wie eine Erfahrungssprache zwischen ihm und den Eltern oder erwachsenen Bezugspersonen. Vielleicht hat er Hunger oder volle Windeln. Vielleicht weint er sich in den Schlaf oder möchte dringend in den Arm genommen werden. Manchmal kann man sich dabei irren, meistens ohne nachhaltige Folgen, manchmal aber auch – trotz allen guten Willens und Bemühens – mit problematischen Folgen. Wenn liebevolle Eltern zum Beispiel das Schreien ihres Säuglings so interpretieren, wie man das gemeinhin tut, dass das Kind ihre Gesellschaft braucht, dass es herumgetragen und/oder beschäftigt werden will, geraten sie mit immer lauter und verzweifelter werdendem Schreien selbst in immer mehr Verzweiflung auf der Suche nach einer Lösung beziehungsweise Erlösung. Es stimmt: Im Tonfall liegt viel Wahrheit, aber manchmal ist es schwer, ihn richtig zu »verstehen«. In unserem Beispiel schreit das Kind zum Beispiel, weil es hocherregt und überreizt ist: Es schreit danach, in Ruhe gelassen zu werden. Darauf müssen seine Bezugspersonen aber erst einmal kommen! Da hilft kein allgemeines Wissen über die Bedürfnisse eines Kindes, da hilft nur subjektives, persönliches Sicheinlassen auf dieses eine Kind, da helfen Spürende Begegnungen als Orientierung und Spurensuche.

Das Gleiche gilt auch für ältere Kinder. Wenn ein Kind aus der Schule kommt und die Eltern fragen: »Wie war es?«, und das Kind antwortet kurz und knapp: »Alles okay«, dann hören Eltern oft aus der Stimme heraus – oder haben zumindest eine Ahnung –, ob es stimmt, dass alles okay ist. Oder ob der Unterton eher darauf schließen lässt, dass es nicht okay ist, aber die Hauptbotschaft in diesem Moment lautet: »Nervt mich nicht. Lasst mich in Ruhe.« Die Kunst des Zuhörens besteht darin, diese Aussage des Kindes mit dem »doppelten« Tonfall in der Stimme ernst zu nehmen als Ausdruck seiner Gefühlslage und Stimmung. Das kann zum Beispiel dabei helfen, dass Eltern ihrerseits nun nicht genervt oder gekränkt reagieren, weil sie sich »wieder mal typischerweise« abgewehrt fühlen, sondern zuversichtlich zu sein, dass ein Gespräch zu einem anderen Zeitpunkt die Gefühle und Erfahrungen würdigt.

Manchmal werden Kinder nicht gehört, finden kein »freies Ohr«, aus welchen aktuellen Gründen auch immer. Das ist zunächst einmal ganz normaler Lebensalltag. Wird dieses Nichtgehört-Werden zu einer dauerhaft sich wiederholenden Erfahrung, resignieren sie und verstummen oder versuchen, sich durch aggressives Schreien, Schimpfen oder Toben Gehör zu verschaffen. Ihre Not erklingt dann in Tonlagen der Wut, des Zorns oder des Jähzorns, der dann keinen Grund, sondern nur noch einen Anlass braucht, um auszubrechen.

Wenn Kinder sich nicht gehört fühlen, wenn das eigene Erleben keinen Ton findet, kann dies auch daran liegen, dass ihr persönliches Erklingen von anderen Geräuschen übertönt wird. Wenn das eigene Tönen ins Leere ging oder geht, wenn es übertönt wurde oder wird und die eigene Befindlichkeit, die eigene Stimme und Stimmung keine Bedeutung erfährt, sind dies belastende Erfahrungen mit nachhaltigen Folgen. Gehört zu werden, scheint besonders selbstverständlich zu sein, ist jedoch für viele Menschen eine Frage von existenzieller Bedeutung.

Kinder, die traumatische (sexuelle) Gewalterfahrungen machen mussten, in denen ihr lautes oder meist lautloses »Nein« nicht gehört wurde, und die dann auch noch in der »Zeit danach« nicht angehört (und in ihrem Verstörtsein nicht gesehen) werden, sondern alleine bleiben, erleben sich als »aus der Welt gefallen«. Das Gefühl, nirgendwo dazuzugehören,

Gefühle der Verlorenheit und der Einsamkeit nisten sich in ihnen ein. Dem manchmal unfassbaren Leid eines Kindes zuzuhören, auch wenn es die Erwachsenen mit ihren eigenen Gefühlen der Schuld und Hilflosigkeit konfrontiert, und es zu ermuntern, seinem Leid eine Stimme zu geben, ist unabdingbar, ist eine Grundvoraussetzung dafür, der verletzten Kinderseele ihre Würde wiederzugeben.

Am schlimmsten ist es, wie erwähnt, sich nicht gehört beziehungsweise überhört zu fühlen – das gilt für beide Seiten. Auch Eltern und andere Erziehende wollen gehört werden und kommen manchmal in Not. Sie sollten sich aber, wenn sie von ihrem Kind einfordern, auf sie zu hören (oft im Sinne von »brav sein«), auch dabei möglichst bewusst sein, wie bedeutsam die Qualität ihrer Stimme und ihr Tonfall sind. In ihren Stimmen drücken sich ihre Gefühle aus und senden Botschaften an das Kind, wie es sein soll, wie es sich verhalten soll, was es tun und lassen soll …

Sosehr wissbegierige Kinder eine Freude sind, so sehr können sich Eltern und andere Erziehende wegen Inhalt oder Zeitpunkt ihrer Fragerei, freundlich ausgedrückt, überfordert fühlen. Da hilft es, dem genervten oder wie auch immer gearteten spontanen Tonfall möglichst klare Worte folgen zu lassen in dem Sinn: »Ich hab dich gehört. Aber jetzt nicht«, oder: »Ich weiß es nicht. Keine Ahnung. Ist aber interessant. Hab ich noch nie drüber nachgedacht.« So wird das Kind nicht mit dem Selbstverständnis aufwachsen müssen, eine Nervensäge zu sein, die besser keine Fragen stellt.

Manche Erziehende tun zum Beispiel nur so, als würden sie sich für ein Kind interessieren. Doch das Kind hört den »abwesenden« Ton. Wenn das ab und zu passiert, ist das kein Problem, das gehört zum Leben und zum sozialen Lernen eines Kindes. Auf Dauer und als grundsätzliche Beziehungserfahrung kann sich aber in dem Gefühl eines Kindes festsetzen, nicht erwünscht zu sein, keine Bedeutung oder kein Recht zu haben, seine Stimme zu erheben. Manche Eltern oder andere Erziehenden dagegen loben das Kind überschwänglich für fast jede Lebensäußerung, aber das Kind hört gleichzeitig mit der Begeisterung den Ton der emotionalen Unaufrichtigkeit, was es, wenn es dauerhaft geschieht, in seinem Selbstverständnis und seiner Gefühlswelt verunsichert.

Nicht nur die Qualität der Stimmen, sondern auch manche Klänge und Geräusche können Kinder quälen, wie die leicht scheppernde Regenrinne vor dem Kinderzimmer oder die »erwachsene« Musik, wenn sie so dominant ist, dass sie das Kind aus dem Gefühl der Zugehörigkeit ausschließt. Andererseits können Eltern und weitere Erziehende die Gefühlswelten und Stimmungen des Kindes in ihrer Besonderheit würdigen, in dem sie sich mit ihrer Stimme und all ihren Variationen beim Vorlesen und Vorsingen oder gemeinsamen Singen dem Kind zuwenden. Zum Beispiel kann in diesem Zusammenhang auch das wiederholte Auflegen (und manchmal Ertragen) der Lieblingsmusik oder des Hörspiels des Kindes ein Liebes- und »Gefühlsentwicklungsdienst« sein. Denn alles das lässt das Kind spüren, dass die Eltern und anderen Erziehenden an ihm interessiert sind, dass es angenommen und willkommen ist, dass es sich angehörig und zugehörig fühlen darf – ein wichtiger Boden für sein »In-der-Welt-Sein«.

Greifen und ergriffen werden

Kinder greifen nach der Welt, nach ihrer Lebenswelt. Kinder greifen nach der Mutter oder dem Vater, sie greifen nach Spielzeug, nach der Flasche, nach der Brust, nach allem, was sie interessiert. Interesse, Neugier, Lebenslust und Vertrauen in sich und die Welt sind die vorherrschenden Gefühle, die den Impuls zum Greifen geben. Ist das, wonach sie greifen wollen, oder diejenige Bezugsperson, nach der sie greifen wollen, nicht da oder entzieht sich ihnen, greifen sie ins Leere, machen Erfahrungen mit dem Nichts und dem Gefühl des Verlorenseins. Geschieht dies häufig, hören sie irgendwann auf zu greifen. Sie halten ihre Greifimpulse zurück, denn ins Leere zu greifen tut weh.

Über das Greifen begreift das Kind die Welt im doppelten Sinne: Der Säugling begreift die Qualitäten der Gegenstände und wie sich Menschen anfühlen, und er begreift gleichzeitig seine eigenen Fähigkeiten des Kontaktes. Er lernt Wirksamkeit. Hängt das ein wenig größere Kind sprichwörtlich und im übertragenen Sinne »an der Kittelschürze« seiner Mutter, seines Vaters oder einer anderen nahen Bezugsperson und erfährt Aufmerksamkeit, so begreift und lernt es, dass es wirksam ist, dass es Bedeutung hat. Erfährt es immer wieder, dass es »abgeschüttelt« wird, lernt es die Überzeugung, dass es nichts zu bewirken in der Lage ist, dass es unbedeutend ist. Es erfährt Unwirksamkeit.

Das Greifen als Bewegung des Erlebens ist ein Motor der Aufrichtung eines kleinen Menschen. Er will irgendwohin: zu einem Gegenstand, der ihn reizt, zu einem Menschen, dem er signalisieren will, dass er auf den Arm möchte, oder dessen Freude und Stolz er erfahren möchte.

Die Kinder be-greifen und erobern sich dadurch die Welt. Wer nichts anfassen darf, darf nicht lernen. Wer nicht spielen – also seine Welt gestalten – darf, darf nicht lernen. Greifen ist die Brücke zur Welt.

Greifen Kinder und Erwachsene ins Leere oder werden sie gewaltsam ergriffen, hat das nachhaltige Folgen. Kinder, die Leere und Gewalt in all ihren Formen, Prügel und sexuelle Gewalt, erfahren, spüren ihre Ohnmacht angesichts der Macht der Erwachsenen. Die Gefühle des Ausgeliefertseins, der ohnmächtigen Verzweiflung und des Alleingelassenseins in und nach diesen traumatischen Erfahrungen bestimmen das Leben vieler Menschen ein Leben lang. Kinder begreifen, dass ihr Wille unbedeutend ist, sie resignieren, stehen gefühlt mit leeren Händen da und hören auf, selbst zuzugreifen. Oder sie werden selbst aggressiv, greifen an, in dem verzweifelten Versuch, das eigene Leben, wenigstens ein wenig Selbstbestimmtheit, im Griff zu behalten oder in den Griff zu bekommen.

Wunderbarerweise liegt in der Qualität des Greifens aber auch das Gegenteil des Schreckens: Kinder, deren Würde geachtet wird, erfahren an der Hand eines Erwachsenen, die sie hält, Sicherheit und Orientierung. Laufen sie Gefahr, zum Beispiel in ein Auto zu rennen, erfahren sie durch den entschlossenen Griff, der sie zurückhält, ihre Schutzbedürftigkeit und Schutz. Sie erfahren, dass Umarmungen fest und gleichzeitig zärtlich oder tröstend sein können. Sie erfahren Spürende Begegnungen. Wenn Kinder in diesem Sinne ergriffen werden, stärkt das ihr Selbstwertgefühl und gibt ihnen Halt.

Drücken und gedrückt werden

»Kämpfchen machen« mit einem Erwachsenen – das lieben die meisten Kinder. Es ist die lustvolle und spielerische Art, sich in den unterschiedlichen Qualitäten des Drückens und Greifens zu »üben« und – den Respekt des erwachsenen Gegenübers vorausgesetzt – die eigenen Fähigkeiten, das Ausmaß der Kraft und eigenen Körpergrenzen zu erfahren. Kinder und Erwachsene drücken sich selbst und gegenseitig mit unterschiedlichen Qualitäten, mal fest und kraftvoll, aber auch zart und weich wie eine sanfte Berührung. Sie können einen Gegenstand, ein Kuscheltier, ein Schmusekissen, die Katze oder einen anderen Menschen an sich herandrücken oder einen Gegenstand, ein Tier, einen anderen Menschen wegdrücken, wegstoßen oder wegzudrücken und wegzustoßen versuchen. Kinder können gedrückt werden im Sinne von umarmt und gehalten werden, aber auch gegen ihren Willen gedrückt und eingeengt oder eingezwängt werden. Sie können heruntergedrückt, unterdrückt und niedergedrückt werden, so lange, bis sie manchmal depressiv werden, ein Zustand, in dem Gefühle nicht mehr spürbar lebendig sind und das Aufrichten enorme Kraftanstrengungen bedeutet. Oder sie lernen dabei, andere zu unterdrücken, zu erniedrigen, um sich selbst zu erhöhen oder auch »nur«, um selbst nicht unterzugehen. Das, was den Kindern an Erfahrungen begegnet, ob sie Geborgenheit, Halt und Sicherheit oder das Gegenteil davon, Enge und Erniedrigung erfahren, hinterlässt Eindrücke in ihrem Gefühlsleben und wird mit hoher Wahrscheinlichkeit später die Fähigkeit oder Unfähigkeit, ihre Gefühle auszudrücken, beeinflussen. Wie auch immer die Erscheinungsformen und die Qualitäten des Drückens und Gedrücktwerdens sein mögen: Die motorischen Bewegungen sind Spürende Begegnungen, sie sind ein Prozess emotionaler Begegnung.

Die motorische Gegenrichtung des Wegdrückens ist das Ziehen. Und auch in ihm sind die vielfältigsten Qualitäten und emotionalen Erfahrungen verborgen. Fühlen sich Kinder von etwas Interessantem oder einem wohlmeinenden Menschen angezogen oder erleben sie sich selbst als anziehend, so ist das meistens mit Gefühlen der Neugier und des Stolzes o. Ä. verbunden. Für eine kleine Weile schwungvoll an Armen oder Beinen über den Boden gezogen zu werden, erleben kleine Kinder meist als freudvoll, und wenn sie den geliebten Hund oder das kleinere Geschwisterkind hinter sich herziehen dürfen, fühlen sie sich »groß«, manchmal fürsorglich und in jedem Fall wirksam. Die emotionale Gegenrichtung des Ziehens ist das Gezogenwerden. Alle Eltern und anderen Erziehenden kennen es, dass Kinder von Regalen mit Süßigkeiten, von Zigarettenstummeln im Sandkasten und von der Herdplatte weggezogen, manchmal vor Gefährlichem gerettet werden müssen. Einsicht in die Notwendigkeit ist nicht immer zu erwarten, und das Gefühl des Kindes, ungerecht behandelt worden zu sein, ist nicht immer zu vermeiden. Aber es gibt auch das motorische und emotionale Gezerrtwerden. Werden Kinder in etwas hineingezerrt, was sie nicht wollen, zum Beispiel in eine gewalttätige Atmosphäre oder in die Auseinandersetzungen der Eltern oder zwischen einem Elternteil und anderen wichtigen Bezugspersonen, dann gibt es einen Riss in ihrem Herzen, in ihrem Gefühlsleben. Denn Kinder wollen, dass sich die Erwachsenen, die es liebt, verstehen, und fühlen sich, wie wir beschrieben haben, verantwortlich. Das Glück dagegen, das ein Kind ausstrahlt, das zwischen zwei Erwachsenen, die beide dem Kind zugewandt sind, bei »Engelchen, Engelchen, flieg …« an den Armen in die Höhe gezogen wird, das ist eine der Erfahrungen, die sich ins Gefühlsleben von Kindern als Vertrauen in andere und sich selbst einnistet.

Viele Menschen fühlen sich unter Druck und leiden darunter, dass andere Menschen Druck auf sie ausüben. Manche haben Angst, Forderungen an andere Menschen zu stellen, weil sie »keinen Druck ausüben wollen«. Wieder andere stehen unter »Hochdruck«, ohne dass der Druck nach außen dringt und gegen andere gerichtet werden kann. Viele Kinder leiden unter Druck, zum einen unter der ungreifbaren Atmosphäre des Drucks ihrer Eltern, ihrer Bezugspersonen und anderer Vorbilder, zum anderen unter dem Druck der Ansprüche, die sie an sich gerichtet fühlen und/oder irgendwann an sich selbst richten: dass sie ihre Eltern unterstützen, dass sie brav sind, dass sie gute Noten bekommen, dass sie diese oder jene Anforderung erfüllen. Diese Art von Druck kann viel Leid und gesundheitlichen Schaden zufügen, beim Erwachsenen und beim Kind.

Unser Leitsatz lautet: Gegen Druck hilft (liebevolles) Drücken.

Wenn Sie merken, dass Ihr Kind Druck hat und darunter leidet oder beeinträchtigt wird, dann bieten Sie ihm an, es zu drücken. Es wird Ihnen selbst und Ihrer Beziehung zueinander mit hoher Wahrscheinlichkeit guttun.

Kinder reden selten darüber, was ihnen Druck macht, vor allem wenn sie glauben beziehungsweise sich sicher sind, dass sie sich an die Gefühle anderer Menschen anpassen müssen, wenn sie bestehen wollen. Das macht wiederum Druck, Anpassungsdruck, der der Entwicklung von Eigen-Sinn entgegenwirkt. Da ein Kind von sich aus keine Mittel zur Verfügung hat, mit gleichem Gegendruck zu antworten, um dem Druck standzuhalten, ist es darauf angewiesen, dass ihm seine Eltern und andere Bezugspersonen zeigen und vermitteln, dass auch ein Nebeneinander verschiedener Gefühle erlaubt und willkommen ist. Wenn der Vater Stress hat, muss das Kind keinen Stress haben. Wenn die Lehrerin traurig ist, dürfen die Kinder froh und lustig sein. Wenn die kleine Schwester Angst hat, muss sich niemand dieser Angst unterordnen. Und manchmal hilft es auch, das Kind dabei zu unterstützen, dem, was Druck macht, aus dem Weg zu gehen oder ihm zumindest auszuweichen. Zumindest dann, wenn es eine Situation ist, die droht, es »klein« zu machen und in seiner Lebendigkeit zu behindern. Kinder sind unsere Schutzbefohlenen und brauchen in Situationen des Drucks, des Überdrucks, dass ihre Eltern und weiteren Erziehenden Anwälte ihrer Kinderwürde und ihrer Gefühlswelt sind.

Lehnen und anlehnen

Wenn sich ein Säugling oder Kleinkind in die Arme eines Elternteils hineinlehnt, ruft das oft sogar schon bei der betrachtenden Person Mit-Gefühle der Geborgenheit und Entspannung hervor. Die Kinder entspannen alle Muskelgruppen und schmiegen sich in die Arme der Mutter oder anderer Erwachsener. Diese Hingabefähigkeit setzt ein tiefes Vertrauen voraus, das vielen älteren Kindern und Erwachsenen selbst in abgeschwächter Form kaum noch möglich ist. Vielen ist sie fremd geworden und gleichzeitig sehnen sie sich danach.

Die feine Qualität des Lehnens zeigt sich in vielen Beziehungsgesten: wenn ein Kind seinen Kopf in die Hand eines Erwachsenen lehnt, anschmiegt, wenn es sich mit der Schulter oder dem Rücken an den Körper eines Erwachsenen anlehnt oder wenn sich Stirn an Stirn aneinanderanlehnen – Lehnen hat etwas sehr »Gegenseitiges«, es funktioniert nur, wenn beide, Kind und erwachsene Person, dazu bereit sind, aufeinander zu achten und Gefühle wie Zärtlichkeit, Ver- und Zutrauen, Trost und Ähnliches zuzulassen.

Manche Kinder kennen eher als das Lehnen das Abgelehntwerden. Abgelehnt zu werden beziehungsweise das Gefühl, abgelehnt worden zu sein, lässt Lebendigkeit und Gefühle wie Selbstvertrauen, Zugehörigkeit, Stolz, Freude zumindest vorübergehend verkümmern. Wer wiederholt abgelehnt wurde, kommt zu der Überzeugung, nicht nur etwas falsch zu machen, sondern falsch zu sein. Wer sich an einen vertrauten Menschen anlehnen wollte und dabei nicht gehalten, sondern fallen gelassen wurde, wird oft misstrauisch und traut sich wahrscheinlich nicht mehr, sich an andere Menschen anzulehnen.

Wenn ein Kind etwas verloren hat, nämlich die Sicherheit, angenommen zu sein, oder sich verloren, abgelehnt und haltlos fühlt, dann braucht es Halt. Wenn ein Kind Menschen findet, an die es sich anlehnen kann, bekommt es diesen Halt. Das ist wichtig für alle Gefühle, die verunsichern und beängstigen. Das heilsame Angebot erwachsener Menschen an verletzte Kinder, sich anzulehnen, wirkt in den Augen von Beobachter_innen meistens relativ unspektakulär. Aber es ist eine Spürende Begegnung, die besonders viel Raum und Ruhe für die (Wieder-)Entdeckung und Entwicklung der »zarten« Seiten der kindlichen Gefühlswelt lässt: Trauer, Gelassenheit, Geborgenheit, Angenommensein, Sehnsucht …

Noch ein paar Worte zum Abschluss dieses Kapitels: Um Kinder in ihrer Gefühlswelt zu würdigen, sind, wie wir hoffentlich vermitteln konnten, die Spürenden Begegnungen eine große Hilfe. Wir haben in unserer pädagogischen und therapeutischen Arbeit damit zahlreiche gute Erfahrungen mit Kindern gemacht, gerade bei denjenigen, die hochbelastet sind und darunter leiden. Doch auch oder gerade im Alltag können und sollten die Spürenden Begegnungen eingesetzt und genutzt werden, um ein gutes emotionales Miteinander zu leben. Jetzt, im großelterlichen Alter und mit dem Mut zu einigen explizit persönlichen Hinweisen, können wir sagen: Wir bedauern immer mal wieder, dass uns damals, als unsere Kinder klein waren und mit uns aufwuchsen, unser Konzept der Spürenden Begegnungen noch nicht zur Verfügung stand. Wir hätten gern manche Schwierigkeiten anders, im besten Sinne »einfacher« und glücklicher gelöst. UND wir wissen, dass es die vielen Jahre der Lebens- und Arbeitserfahrungen brauchte, damit wir es jetzt anderen Eltern und Erziehenden als Anregung zur Orientierung und Gestaltung ihres gemeinsamen Lebens mit

Kindern anbieten können. Es ist denjenigen gewidmet, die sich für die Gefühlswelten der Kinder und ihre eigenen interessieren: im Sinne der Kinderwürde, der eigenen Würde und der Würdigung der Beziehung.

Jetzt, im November 2020*, in einer Zeit, in der wegen der Corona-Pandemie körperliche Berührungen gefährlich sind, merken wir Menschen, wie entscheidend für unser Wohlbefinden, unsere Gesundheit, schlicht: für unser Leben, Spürende Begegnungen sind. Wir spüren, wie sehr unsere Gefühlswelt von der Art, wie wir unsere sozialen Beziehungen leben, abhängig ist. Da ist es gut, zu wissen und wertzuschätzen, dass da, wo zwischen Kindern und anderen Erziehenden wie zwischen allen Menschen körperliche Berührungen schmerzlich vermisst werden, dennoch seelische Berührungen möglich sind: Blicke können umarmen, die Stimme kann Wärme und Geborgenheit vermitteln, und im gemeinsamen Malen und Gestalten können wir eine Atmosphäre der Zugehörigkeit schaffen und damit den Kindern das grundlegende Gefühl des Vertrauens in sich, in andere Menschen und in die Welt schenken. Ein Geschenk, auf das sie ein Recht haben.

* In der Zeit, in der wir dieses Kapitel schreiben.

Wie Kinder Gefühle maskieren

Meist zeigen Kinder ihre Gefühle offen und unverstellt. Sie können gar nicht anders. Wie sie erst nach einigen Jahren ihres Lebens überhaupt lernen können, zu lügen, so braucht es bestimmte Erfahrungen, die sie dazu bringen, Gefühle nicht auszudrücken, sondern zu maskieren. Das ist kein böser Wille oder der Versuch, Eltern oder andere Erziehende zu ärgern, sondern fast immer der Ausdruck einer Not.

Um diese Not zu verstehen und ihr begegnen zu können, ist es zunächst einmal wichtig, die Masken zu erkennen, unter denen Kinder andere Gefühle verbergen. Dazu einige Hinweise und Beispiele.

- Manche Kinder klagen wiederholt über Bauchschmerzen, sodass die Vermutung naheliegt, dass sie nicht in die Schule oder Kita wollen. Berühmt-berüchtigt sind die Montagsbauchschmerzen. Der Übergang vom Wochenende mit den Eltern zur Kita oder zur Schule gelingt den Kindern offensichtlich nicht »einfach so«, und die Bauchschmerzen sind wahrscheinlich der körperliche Ausdruck des Versuchs, diese unangenehme Situation aufzuheben oder zumindest aufzuschieben. Selbstverständlich ist es bei Bauchschmerzen wie bei allen anderen körperlichen Symptomen unabdingbar, diese als körperliche Symptomatiken auch medizinisch ernst zu nehmen und durch Untersuchungen abklären zu lassen, denn schließlich können schwerwiegende akute oder chronische Erkrankungen die Ursache sein. Doch selbst wenn alles darauf hindeutet, dass es sich um eine Art Montagsbauchschmerzen handelt, sollten sie nicht abgetan, sondern in ihrer Bedeutung beachtet werden. (Zugegebenermaßen kann es kann sehr an den Nerven der Eltern zerren, wenn sie aus ihrem normalen zeitlichen Alltags- und Pflichtprogramm durch diese Bauchschmerzen ihres Kindes herausgerissen werden. Nur: Machtworte zum Beispiel helfen da eben auch nur wenig aus der elterlichen Hilflosigkeit.) Denn diese Bauchschmerzen können als Schmerzen im Körpererleben des Kindes existent sein UND gleichzeitig die Maskierung eines Gefühls sein. Manchmal sind Bauchschmerzen einfach das Zeichen einer Unlust, zum Beispiel zur Schule zu gehen, manchmal aber auch Ausdruck einer Angst vor dem, was in der Schule passieren könnte oder passieren wird. Vielleicht erwartet das Kind Mobbing, Beschämung, Gewalt, Übersehenwerden, Ausgegrenztwerden, Gefühle der Hilflosigkeit oder gar Ohnmacht … Oft sind Bauchschmerzen oder ähnliche Äußerungen des Unwohlfühlens und -seins auch Zeichen einer Überforderung, die gar nichts unmittelbar mit der Schule zu tun haben müssen. Vielleicht trauen sich die Kinder nur nicht, zu sagen: »Ich habe keine Lust«, weil sie wissen oder erahnen, dass Unlust allein nicht als Grund anerkannt wird, oder sie sind gar nicht in der Lage, die Überforderung zu benennen, weil sie keine Worte dafür haben oder die Überforderung nur diffus spüren. Wie soll ein Kind ausdrücken, dass es zum Beispiel die Spannung, die zwischen den Eltern und dem Geschwisterkind herrscht, spürt? Oder das Gefühl der Verlassenheit, auch und gerade dann, wenn es gar nicht allein gelassen worden ist? Also ist da etwas »im Bauch«, weil etwas schmerzt. Eine Lüge ist das nicht zu nennen, nicht einmal eine Notlüge, denn beides würde eine gewisse Bewusstheit voraussetzen, die Kindern (zumindest zunächst) nicht zu unterstellen ist. Es ist eher der Ausdruck, eine kindliche Sprache, für ein Befinden und für Gefühle, die eher, wie gesagt, diffus und nicht benennbar sind. Kinder mit der vermeintlichen Wahrheit zu konfrontieren, dass der Bauch gar nicht schmerzen kann, weil da nichts ist, bewirkt im ungünstigen Fall, dass sie verunsichert und verwirrt werden in ihren Gefühlen und damit in ihrem Selbstverständnis. Sie mit ihren Bauchschmerzen als Ausdruck maskierter Gefühle ernst zu nehmen und nach einer Sprache der Verständigung zu suchen hilft, etwa so: »Ich glaube, dass dir dein Bauch wehtut. Weiß er, vielleicht, warum? Was los ist?« Das ist vielleicht die Spur, die »zum Eigentlichen«, zu den Gefühlen unter der Maske der Bauchschmerzen führt.

- Manchmal tarnen Kinder ihre Gefühle damit, »Geschichten« zu erzählen, die sich nach Erwachsenenmaßstäben im Notbereich der Lüge ansiedeln. Ein Gefühl, das unserer Erfahrung nach besonders häufig damit maskiert wird, ist das Gefühl der Scham.

  Die jetzt zwölfjährige Rebecca hat sich über zwei Jahre hinweg heimlich nichts sehnlicher gewünscht, als ein eigenes Pferd zu haben. Die Eltern haben ihr mit finanzieller Mühe und Not den Reitunterricht, die Reitstiefel und den Reithelm finanziert und sind nun auch noch bereit, ihrem Flehen nach einer Reitbeteiligung nachzugeben. Als Rebecca nach einiger Zeit merkt, dass die damit verbundenen Verpflichtungen und vor allem die Konflikte und das konkurrente und in ihrem Erleben hochnäsige Verhalten der Pferdebesitzerin sie überfordern, schämt sie sich, ihr »Versagen« ihren Eltern und wahrscheinlich auch sich selbst einzugestehen. Nur so ist es zu erklären, dass sie ihren Eltern, mit denen sie eine vertrauensvolle Beziehung verbindet, Geschichten erzählt, die verschleiern, dass sie nicht mehr in den Pferdestall gehen will: Einmal erzählt sie, ihre Reitbeteiligung habe sie gebeten, zu Hause zu bleiben, weil sie eine Freundin während der Ferien zu Besuch habe, die sie beteiligen wolle. Ein anderes Mal, sie sei angerufen worden, das Pferd sei krank und dürfe nicht bewegt werden. Noch ein anderes Mal kommt sie zurück nach Hause und berichtet strahlend, wie schön das Reiten heute gewesen sei – obwohl sie gar nicht da gewesen ist, sondern die Zeit in einem Versteck zugebracht hat. Erst als die Eltern ihr zufällig auf die Spur kommen – sie hatten die Geschichten ihrer Tochter geglaubt –, bricht es aus Rebecca heraus: ihr innerer Druck, ihre Not, ihr Schamgefühl … Theo wiederum, neun Jahre alt, wurde durch seine Grundschullehrerin tief verletzt. Immer wieder beschämte sie ihn vor seiner Klasse mit Bemerkungen zu seiner Herkunft, zu seinem Elternhaus: »Ich habe gestern deinen Vater auf der Baustelle gesehen. Ein fleißiger Mann. Du solltest dir davon mal eine Scheibe abschneiden.« Oder: »Deine Mutter ist doch zu Hause, oder? Kann sie dir nicht mal bei den Hausaufgaben helfen? Oder spricht sie kein Deutsch?« Theo liebte und verehrte seine Eltern – und erzählte ihnen nichts von diesen Beschämungserfahrungen, die ihn in seinem inneren Kern verletzt hatten. Er wusste unbewusst, dass er sie nicht beschämen und verletzen wollte, und maskierte seine Schamgefühle durch Großmannssprüche: »Heute, ehrlich, war ich der Beste in mündlich Deutsch. Die Lehrerin hat mich gelobt und gesagt, dass sie mich nicht mehr so viel drannehmen will, weil die anderen ja auch mal zu Wort kommen müssen.« Oder: »Sie hat gesagt, wenn ich so fleißig weitermache, dann komm ich vielleicht aufs Gymnasium.« Er bot seinen Eltern Geschichten an, die statt Schamgefühlen Gefühle des Stolzes heraufbeschwören sollten. Das war seine kindliche, liebevolle Art, nicht nur seine eigene Identität und Integrität, sondern auch die seiner Eltern zu bewahren.

Wenn Kinder ein Gefühl oder mehrere Gefühle aus welchen Gründen auch immer nicht zeigen können oder wollen, versuchen sie oft, mit aller Macht Kontrolle über sie und sich zu gewinnen oder zu bewahren. Ihr Gesichtsausdruck, ihr Muskeltonus und manchmal auch ihr Verhalten wirken dann häufig wie erstarrt und festgefroren. Die Kontrolle, die sie über sich erreichen wollen, um ein Gefühl zu unterdrücken, strengt sie sehr an, setzt sie selbst unter Zwang – und kann sich dann auch im Kontrollzwang gegenüber Eltern oder Geschwistern äußern. Dabei zeigt es sich, dass es ein schmaler Grat ist zwischen Kontrollzwang und dem Bedürfnis nach Ritualen. Kinder brauchen immer Rituale. Das gibt ihnen Sicherheit und schafft Vertrautheit. Doch wenn ihr Festhalten an Ritualen so streng und starr ist, dass keinerlei Abweichung mehr möglich sein darf, dann kann das ein Ausdruck dafür sein, dass das Kind auch noch etwas anderes kontrollieren will als zum Beispiel das Essen oder die Reihenfolge, wie eine Geschichte erzählt wird. Vielleicht muss sich in einem Ritual, das das Kind zwanghaft einfordert, die Liebe und Zugewandtheit der Eltern oder eines Elternteils beweisen, weil die Bedrohung in der Luft liegt, sie zu verlieren. Vielleicht geht sonst das Einschlafen nicht, vielleicht ist die Verzweiflung, die Freundin durch Wegzug verloren zu haben, nicht aushaltbar …

Eltern und andere Erziehende sollten dies als Warnsignal verstehen. Häufig verbirgt sich hinter solchen Kontrollzwängen eine Angst, die bislang keinen Raum findet. Vielleicht leben die Kinder in einer Atmosphäre, in der Angst nicht gezeigt werden darf. Vielleicht ist die Angst so übermächtig, dass sie hilflos sind, ihr zu begegnen und sich mit ihr auseinanderzusetzen. Oder sie sind mit ihrer Angst einmal ins Leere gegangen und blieben ungeschützt und ungetröstet. Vielleicht kennt das Kind auch Vorbilder mit Äußerungen wie »Man darf doch keine Angst haben«. Vielleicht zeigen die Eltern keine Angst ... Oder vielleicht lässt die Atmosphäre im familiären Umfeld, in Kindertagesstätte, Schule oder Kinderkrabbelgruppe zu wenig Luft zum Atmen und schnürt durch Verbote die Bewegungsfreiheit und das Gefühlserleben ein. Die Quellen einer solchen von den Kindern empfundenen Notwendigkeit zur Kontrolle sind vielfältig. Angst ist wahrscheinlich das häufigste Gefühl, das sich hinter Kontrollzwang verbirgt, aber auch andere Gefühle wie Trauer, Einsamkeit und hilflose Wut verstecken sich oft dahinter. Yussuf zum Beispiel war sehr traurig darüber, dass seine Oma schwer krank war und vielleicht sterben würde. Doch er versuchte als »kleiner Mann im Hause«, wie er immer genannt wurde, die Trauer zu verbergen, um seine Mama nicht zu belasten, die ebenfalls von Trauer und Sorge erfüllt war. Also kontrollierte er »die Uhr«: Er achtete äußerst penibel und streng mit sich, seiner Mutter und seinen kleineren Geschwistern auf Pünktlichkeit. Da blieb keine Zeit für Verzweiflung, Zukunftsängste, Trauer und Liebesbedürftigkeit.

Und noch ein Hinweis in diesem Zusammenhang: Manche Kinder brauchen mehr stabile Strukturen als andere. Autistische Kinder zum Beispiel haben besondere neuronale Strukturen, die in ihrer höchst individuellen Eigenartigkeit eines gemeinsam haben, nämlich dass sie Sicherheit in sich wiederholenden Abläufen brauchen. Um sich in der Welt der Nichtautist_innen zurechtzufinden, brauchen sie diese Sicherheiten und fordern sie im Rahmen ihrer Möglichkeiten ein. Sie halten meist Überraschungen und starke Veränderungen nicht aus und versuchen, sie zu vermeiden. Die Not, in die diese Kinder in Situationen geraten, die die Fähigkeit zu Improvisation und Spontaneität verlangen, findet ihren Gefühlsausdruck manchmal in einer unbeweglich und starr erscheinenden Mimik, ist aber weder mit Gefühllosigkeit noch mit Kontrollzwang zu verwechseln. Diese Kinder brauchen Erwachsene, Eltern, nahe Bezugspersonen und weitere Erziehende, die mit ihnen auf die Suche nach einer einzigartigen und gemeinsamen unmaskierten Beziehungs- und Gefühlssprache gehen.

Wenn Kinder das Licht der Welt erblicken, bringen sie Resonanzbereitschaft und die Fähigkeit zu einem reichen Gefühlsleben mit. Ihr erstes Lächeln, das die Menschen, die ihnen liebevoll zugetan sind, entzückt, ist Ausdruck dieser Resonanz, ist Ausdruck einer Spiegelung des Lächelns der Erwachsenen. Wenn ein Kind ein wenig später nur und mit einem Dauerlächeln umherläuft und immer nur fröhlich wirkt, dann darf auch das misstrauisch machen. Denn auch fröhliche Kinder geraten in Situationen und Gefühlszustände, in denen sie sich ärgern, traurig oder unglücklich sind, das ist anders nicht denkbar. Wenn Kinder dies gar nicht zeigen, verbergen sie Gefühle. Erwachsene freuen sich, wenn sie in ein freundliches Kindergesicht schauen. Doch können auch ein Dauerlächeln und eine Dauerfreundlichkeit – die Betonung liegt auf »Dauer« und »immer« – eine Maskierung anderer Gefühle sein. Auch hier sind die Quellen so vielfältig wie die Lebenssituationen und Persönlichkeiten der Kinder und müssen individuell erkundet werden. Ein »klassisches« Beispiel ist das Kind, das die Aufgabe bekommt oder annimmt, »unser Sonnenschein« zu sein – und manchmal die familiäre Leere und Schwere, die zum Beispiel entstanden sind durch den Tod eines Geschwisterkindes oder durch die Trennung und den Verlust eines Elternteils, mit Helligkeit, Fröhlichkeit und Leichtigkeit füllen will. Wenn dies sozusagen chronisch wird und die Gefühlslandschaft verkümmert, droht irgendwann im weiteren Leben statt Lebendigkeit, Fröhlichkeit und Leichtigkeit die Schwere überhandzunehmen.

Die elfjährige Sandra ist ehrgeizig. Immer muss sie in der Schule Bestnoten haben. Immer muss sie im Sport die Schnellste und die Geschickteste sein, beim Volleyball die Wichtigste und immer in ihrer Tanzgruppe die Nummer eins.

Dass Kinder sich bemühen, gut zu sein, dass sie sich anstrengen und engagieren, ist selbstverständlich kein Problem. Im Gegenteil, das sehen Eltern und andere Erziehende in der Regel sehr gern. Doch wenn nur noch Ehrgeiz und verbissene Anstrengung die Lebensqualität eines Kindes bestimmen, kann auch dies eine Maske sein, hinter der sich andere Gefühle verbergen. Sandras Ehrgeiz begann, als ihr erstes Geschwisterchen geboren wurde und sie sieben Jahre alt war. Und er war bereits ein Teil ihrer Persönlichkeit, als ein Jahr später noch ein Geschwisterchen in die Familie kam. Sie fühlte sich zurückgesetzt. Alles drehte sich nur noch um die Kleinen. Sandra war enttäuscht, traurig, ärgerlich und hilflos im Umgang mit diesen Gefühlen. Die Eltern waren anscheinend überfordert, die Bedürftigkeit ihrer »Großen« hinter ihrem guten Funktionieren wahrzunehmen. Sandra fühlte sich unbeachtet, als fünftes Rad am Wagen. Vielleicht entwickelte sie ihren Ehrgeiz als Versuch, Achtung und Anerkennung zu bekommen, ein offensichtlich in ihrem Fall zum Scheitern verurteilter Versuch. Vielleicht auch aus anderen Gründen. Auf jeden Fall diente ihr Ehrgeiz dazu, all diese Gefühle zu maskieren.

Zwei weitere Aspekte können in Anbetracht der Maskierung von Gefühlen noch bedeutsam sein. Der eine ist mit dem Begriff des Bedeutungsüberhangs beschrieben, der andere weist auf die Maskierung der Gefühle durch »Umtausch« hin.

Wenn ein Kind sich ärgert, dann wird es je nach Kind und Situation diese oder jene Ausdrucksform finden, mal mehr und mal weniger intensiv. Doch wenn der Ärger nicht mehr schwinden will, wenn er extremer wird, als es in irgendeiner Weise dem Anlass entspricht, dann hat dieser Gefühlsausdruck einen Bedeutungsüberhang: Er bekommt für das Kind eine größere Bedeutung, als es in wohlwollender Betrachtung nachvollziehbar ist. Das gilt für jedes andere Gefühl ebenso, für die Traurigkeit, die Sehnsucht, die Eifersucht und für die Angst.

Es stimmt, dass Gefühle kein Maß haben. Auch Kindergefühle nicht. Es gibt kein objektives Maß für Gefühle, zum Beispiel, wie groß eine Trauer sein darf oder soll. Deswegen variiert auch dieser Ausdruck der Kindergefühle je nach Kind, je nach Situation und Umgebung. Doch Eltern und Erwachsene spüren, ohne scheinbar objektive Maßstäbe bemühen zu müssen, ob ein Gefühlsausdruck stärker ist als üblich, ob also ein Bedeutungsüberhang vorhanden ist. Das kann ein Hinweis darauf sein, dass in dem Gefühlsaudruck noch ein anderes Gefühl zumindest mitschwingt oder sich dahinter verbirgt. Hinter dem Zorn, der eine viel größere Bedeutung für das Kind hat als üblich, könnten zum Beispiel Hilflosigkeit oder Angst oder das Gefühl der Unwirksamkeit und Machtlosigkeit stehen. Wenn Eltern und andere Erziehende einen solchen Bedeutungsüberhang spüren oder erahnen, dann ist es gut, auch nach dem Gefühl zu suchen, das vielleicht dahinterstehen könnte.

Ein anderer Aspekt des Gefühlslebens von Kindern (wie Erwachsenen) besteht in einer besonderen Eigenschaft, mit der wir Menschen unsere Gefühle leben: Gefühle können »umgetauscht« werden. Dies ist kein bewusster Akt, als würde man in ein Geschäft gehen und sagen: »Ich gebe dieses Gefühl zurück und möchte ein anderes dafür«, sondern ein unbewusster Prozess. Wenn ein Kind mit einem Gefühl allein bleibt und sich alleingelassen fühlt, dann kann dieses Gefühl unaushaltbar werden. Die unaushaltbare Trauer, in der ein Kind sich nicht gesehen und getröstet fühlt, tauscht sich dann unbewusst um, zum Beispiel in Aggressivität, Eifersucht oder Angst.

Wenn Kinder Gefühle zeigen, müssen sie so, wie sie sich zeigen, ernst genommen werden. In der Maske zeigen die Gefühle ihr wahres Gesicht: »Wahr« sind der offensichtliche Gefühlsausdruck des Kindes UND die Gefühle, die sich zwar scheinbar hinter der Maske verstecken, aber dennoch, zumindest bei sorgfältiger Betrachtung, einen Eindruck von der verborgenen Gefühlswelt des Kindes aufblitzen lassen. Vertrauen Eltern und die weiteren Erziehenden auf ihre wohlwollende, dem Kind zugewandte und offene Resonanz, dann werden sie bei dem Bemühen, gemeinsam mit ihm auf die Suche zu gehen, bereichernde Gefühls- und Beziehungserfahrungen machen.

Wie Kinder emotional feststecken

Die Vielfalt ihrer Gefühle hilft Kindern, sich in der Welt zurechtzufinden. Die Art und Weise, Gefühle auszudrücken, ist bunt und bei jedem Kind individuell unterschiedlich. Dass Gefühle schmerzen können, ist allein noch kein Problem; der emotionale Schmerz kommt und geht auch wieder. Schwieriger wird es, wenn Kinder emotional feststecken. Dann wird die Art und Weise ihres Fühlens eingeschränkt und die Möglichkeit des emotionalen Ausdrucks reduziert. Damit verringern sich auch ihre Möglichkeiten, sich in der Welt zu orientieren und in der Welt zu bewegen. Die häufigsten Formen des emotionalen Feststeckens wollen wir kurz vorstellen.

Manchmal wird der emotionale Prozess eines Kindes unterbrochen. Dann kann das Kind ihn nicht vollenden, sodass es sich von diesem Gefühl nicht wieder lösen kann. Trauern zum Beispiel wird von den meisten Menschen wie eine Abfolge mehrerer aufeinanderfolgender Wellen erlebt. Die Trauer erreicht einen Höhepunkt, flaut dann ab, steigt wieder, vielleicht nicht mehr so hoch wie zuvor, sinkt dann wieder und so weiter. Die Welle kann aber durch bestimmte Ereignisse, die Erinnerungen hervorrufen, wieder ansteigen und neue Kraft gewinnen. Doch allmählich verläuft sie sich. Wird dieser Trauerprozess gelebt, ist er ein Prozess des Abschiednehmens und Loslassens. Wird er aber unterbrochen, bleiben Kinder in der Trauer stecken, sodass die Trauer sie lange Zeit, manchmal ihr Leben lang, begleitet. Wie kann ein Kind in der Trauer feststecken? Zum Beispiel, indem ihm dieses Gefühl verboten wird. »Jetzt reicht es aber mit dem Traurigsein!« Solche Sätze sind eine Einladung, die Trauer zu verstetigen. Unsere Erfahrungen zeigen, dass diese Art des Feststeckens aufgelöst werden kann, wenn das Feststecken bewusst wird, wenn Verbote durch Erlaubnis ersetzt und Gefühle geteilt werden.

Kinder können emotional feststecken, wenn sie mit gewichtigen Gefühlen allein bleiben. Ein Kind, das sich schuldig fühlt und dieses Gefühl mit niemandem teilen kann, erhält keine Möglichkeit, seine Haltung zu ändern, indem es andere Blickwinkel auf die Schuld erfährt. Ein Kind, das seine Beschämungserfahrungen nicht mitteilen kann, bleibt in der Scham stecken, sodass die Scham zu seiner lebenslangen Begleiterin werden kann. Für viele andere Gefühle gilt Ähnliches: vom Gefühl, verraten zu werden, bis zur Hilflosigkeit, von der Einsamkeit und der oben erwähnten Trauer bis zum Zorn. Hier hilft es, ja, hier ist es notwendig, dass Erwachsene, denen das Kind vertrauen kann, Wege finden, mit dem Kind Gefühle auszutauschen. In der Einsamkeit verborgen gebliebene Gefühle müssen öffentlich werden können. Dann, und nur dann, verlieren diese Gefühle ihre Kraft.

Wird ein Gefühl unerträglich oder das Erleben dieses Gefühls nicht mehr aushaltbar, dann tauschen Kinder dieses

Gefühl gegen ein anderes um. Darauf haben wir schon hingewiesen. Ein Kind sehnt sich zum Beispiel nach Nähe, nach Fürsorge, nach warmherziger Berührung – und bekommt sie nicht. Seine Sehnsucht geht ins Leere, seine ausgestreckten Arme greifen ins Nichts. Diese Erfahrung ist auf Dauer unerträglich. Also wird das Kind möglicherweise die Sehnsucht gegen ein anderes Gefühl umtauschen: Tausche Sehnsucht gegen Wut! Wenn das Kind nun den Impuls verspürt, Nähe zu wünschen, steigt keine Sehnsucht auf, sondern die Wut. Die Arme strecken sich nicht erwartungsvoll aus, sondern schlagen zu. Diesen Versuch, etwas zu bewältigen, was nicht zu bewältigen ist, können Kinder nur rückgängig machen, wenn das, was unerträglich war und womit die Umtauschaktion anfing, identifiziert wird und wenn das Unerfüllte erfüllbar wird. Wenn die Sehnsucht wieder Sehnsucht sein darf, wenn die ausgestreckten Arme nicht ins Leere greifen, sondern andere Menschen erreichen, dann kann der Umtausch rückgängig gemacht werden.

Ein anderer Weg, Unaushaltbares zu vermeiden, besteht darin, dass Kinder das Gesamtniveau ihrer Emotionalität reduzieren, also ihr Gefühlsleben generell dämpfen. Auch hier liegt der Hauptfaktor, der Kinder zu dieser Reaktion bewegt, darin, dass ihre Gefühle nicht erwidert wurden, keine Akzeptanz fanden oder gar verboten wurden. Stimmungen wie Langeweile sind eine häufige Form, Emotionalität zu reduzieren, wenn sie nicht als Muße, sondern als eher quälend erlebt wird. Andere Formen können ungewöhnlicher und überbordender

Lerneifer oder sonstige Ablenkungsaktivitäten und Maskierungen sein, die das Kind so gefangen nehmen, dass für Emotionalität kaum noch etwas übrig bleibt.

Manchmal überlagert ein Gefühl alle anderen. Zum Beispiel kann die Angst, wie wir beschrieben haben, so stark sein, dass alle anderen emotionalen Regungen von der Angst gefärbt oder gar erdrückt werden. Meist begann dieser Prozess mit einer konkreten Angst, die das Kind nicht bewältigen konnte, da es mit ihr allein blieb. Diese Angst wucherte dann, ergriff das gesamte Erleben und überlagerte alle anderen Gefühle. Hier gilt es, die Angst konkret zu identifizieren und gemeinsam mit dem Kind Wege zu finden, die es ihm ermöglichen, sich sowohl gegen Bedrohliches zu schützen als auch mit seinen Ängsten nicht allein zu bleiben.

Die Gefühle, die wir gewählt haben, um die verschiedenen Arten des Feststeckens zu illustrieren, sind Beispiele. Feststecken können Kinder in jedem Gefühl.

Was wir von fühlenden Kindern lernen können

Ein Mann erzählt: »Mir ist als Kind das Lachen abhandengekommen. Zu Hause gab es das nicht. Meine Mutter war schwer krank, mein Vater damit überfordert. Lachen hätte gestört. Niemand hätte mitgelacht. Die Atmosphäre hat jedes Lachen erstickt. Ich glaube, als kleines Kind habe ich noch heimlich gelacht, wenn ich draußen gespielt habe. Dann hörte auch das auf. Und in der Schule gab es auch nichts zu lachen. Ich wurde ein ernstes Kind.

Zu lachen gelernt habe ich erst wieder mit meinen Kindern. Ein bisschen schon vorher mit meiner Frau, richtig aber erst mit meinen eigenen Kindern. Wenn wir zusammen gespielt haben, haben sie gelacht und das hat angesteckt. Ich musste immer mehr mitlachen. Meine Kinder haben mich erzogen. Welch herrliches Geschenk. Ich bin ihnen dankbar.«

So wie dieser Mann haben viele in ihrer Kindheit etwas verloren, das sie von Kindern, ihren eigenen oder anderen, wiedergewinnen können oder bereits konnten. Erwachsene können von Kindern lernen. Sie können spielen lernen und sie können verloren gegangene Gefühle und verschiedene Qualitäten des Fühlens an Kindern wiederentdecken und von ihnen übernehmen. Drei dieser Qualitäten sind uns besonders wichtig.

- Das Erste ist die Unmittelbarkeit, mit der Kinder ihre Gefühle äußern. Das Spielzeug fällt herunter und geht kaputt und die Trauer ist da. Voll und heftig, ohne langes Vorspiel. Kinder, die ihre Gefühle leben dürfen, zeigen diese unmittelbar und spontan. Genau diese Unmittelbarkeit unterstreicht die Existenzberechtigung der Gefühle. Dass bei Menschen und manchen Tieren ein limbisches System entstanden ist, das Gefühle zulässt und ausdrückt, hat deren Überlebenschancen gesteigert. Deswegen hat sich dieses limbische System in der Evolution verfestigt und immer weiter ausdifferenziert. Dass Gefühle Sinn machen, weil sie Menschen helfen, zu entscheiden, was in ihrer Wahrnehmung wichtig ist und was nicht, haben wir schon erwähnt. Ihre Funktion geht noch darüber hinaus: Die Wahrnehmung ist mit Handlungsimpulsen verknüpft und vor allem mit Impulsen für spontane, unmittelbare Handlungen. Die Angst lässt zurückschrecken und innehalten, die Sehnsucht weitet die Augen und lässt die Arme ausstrecken, der Ärger hebt die Stimme, ballt die Fäuste und mobilisiert zum Kampf, der Ekel lässt etwas Unbekömmliches ausspucken, Liebe zieht an und sucht Nähe … Gefühle beeinflussen unser Handeln, vor allem unser spontanes Handeln. Mit Gefühlen kann man nicht die Statik einer Brücke berechnen. Die Sehnsucht, einen trockenen Übergang zu finden und die Furcht vor dem reißenden Wasser lassen aber den Entschluss fassen, den Bau einer Brücke in Angriff zu nehmen.

Gefühle beeinflussen unser spontanes Handeln (für die langfristigen Handlungen verfügen wir darüber hinaus über den Verstand), bei Erwachsenen wie bei Kindern. Durch Normen, Regeln, kränkende Erfahrungen und häufig auch einseitiges Verstandeslernen in Schule und Ausbildung ist bei vielen Erwachsenen der spontane emotionale Ausdruck, die Unmittelbarkeit der Gefühle, verloren gegangen oder eingeschränkt worden. Bei vielen Kindern (noch) nicht. Hier können wir Erwachsenen von ihnen lernen.

- Kinder sind in ihren Gefühlen beständig. Wenn sie lieben, lieben sie lange und anhaltend, wenn sie sich von der Freundin verraten fühlen, kann es sein, dass diese jahrelang »keine Schnitte« mehr bei ihnen bekommt. Manchmal ist diese Beständigkeit des Fühlens für Kinder eine Last. Die Trauer um einen Menschen, der ihnen nahestand und wichtig war, kann sie nachhaltig beeinflussen, zumal wenn diese Trauer wenig Ausdruck beziehungsweise Trost fand. Eine tiefe Angst kann viele Jahre lang, bis ins Erwachsenenleben hinein, immer wieder neue Ängstlichkeit hervorrufen oder alltägliche »kleine« Ängste verstärken.
  Wir Erwachsenen sollten um diese Beständigkeit wissen und sie nicht nur als Last, sondern als Kraft anerkennen. Kinder geben Gefühlen eine Chance. Sie richten sich in ihrem Leben nach ihren Gefühlen, leben ihr Leben emotional. Ihnen stellt sich die Frage gar nicht, ob sie ihren Ge-

fühlen trauen können oder nicht; solange sie fühlen und vertrauen dürfen und ihre Gefühle nicht aus ihnen herausgeprügelt oder wegbeschämt wurden, sind Gefühle für Kinder wie ein roter Faden, mit dem sie ihre sozialen Beziehungen gestalten. Von diesem Mut und dieser emotionalen Sicherheit können Erwachsene lernen.

- Das Dritte, was wir von Kindern lernen können, sind Staunen und Neugier. Kinder, die über für uns Unauffälliges, Selbstverständliches, Störendes, Hemmendes, Auffälliges staunen, zeigen uns Erwachsenen, was Staunen ist, und zeigen uns eine etwas andere Sicht auf die Welt.
  Die Neugier der Kinder ist sprichwörtlich. Staunen ist ein unmittelbarer, intensiver, oft auch lauter Ausdruck für Neugier beziehungsweise eine Resonanz auf das, was mit Neugier wahrgenommen wurde. Wie viele Erwachsene kennen wir, denen das Staunen abhandengekommen ist. Auch bei vielen älteren Kindern und Jugendlichen reduziert es sich immer mehr auf Rekorde und Sensationen. Wenn Kinder dazu »erzogen« werden, sich nur noch für das zu interessieren und nur noch das zu würdigen, was immer schneller, weiter, größer, lauter und neuartiger ist, dann wird gleichzeitig versucht, ihnen das Staunen abzuerziehen. Das Guinnessbuch der Rekorde sowie die Sensationsmedien wie das Internet sind oftmals Feinde des Staunens, denn Neugier und Staunen brauchen keine Rekorde und Sensationen. Man kann über ein Kleeblatt staunen

oder über das Farbenspiel im Gefieder eines Vogels, über die Brandung des Meeres ebenso wie über die Atmosphäre einer liebevollen Umarmung. Ja, sogar über Autos oder Sportschuhe oder was auch immer.

Von Kindern das Staunen wieder lernen zu können ist eines der größten Geschenke, die Kinder uns Erwachsenen machen.

Fünf Thesen: Was fühlende Kinder brauchen

Was Kinder brauchen, um fühlen zu lernen und um ihre Gefühle als Wegweiser auf ihrem Weg durchs Leben zu nutzen, haben wir schon an zahlreichen Stellen dieses Bandes erwähnt und an Beispielen illustriert. Nun steht der Versuch an, diese Aussagen zusammenzufassen. Deshalb folgen hier fünf Thesen dazu, was Kinder hinsichtlich ihrer Gefühle brauchen, und anschließend fünf Thesen, was Eltern, Erzieher_innen, Lehrer_innen brauchen, um die Gefühle der Kinder würdigen zu können.

Diese Thesen erheben selbstverständlich keinen Anspruch auf Vollständigkeit – deswegen »Thesen« –, es sind die Kerninhalte, die uns in unserer therapeutischen und privaten Praxis am häufigsten und gewichtigsten begegnet sind und die uns besonders am Herzen liegen.

- Erstens brauchen Kinder, dass ihre Gefühle wahrgenommen werden. Wenn Kinder schweigen und emotional unbeteiligt wirken, muss dies noch lange nicht bedeuten, dass sie nichts fühlen. In ihnen kann ein emotionaler Sturm toben. Gerade Gefühle, die die Öffentlichkeit scheuen, wie die Scham, die Angst, die Einsamkeit, die Hoffnungslosigkeit oder die

Verzweiflung, suchen nicht die Mitteilung an andere. Solche Gefühle zeigen sich eher im Kleinen: in kleinen Verhaltensänderungen, in der Mimik, in Andeutungen. Oft sollen solche Andeutungen und kleinen Zeichen zum Nachfragen einladen. Werden sie übersehen, wird diese Einladung ausgeschlagen, verstärken sich all diese Gefühle noch mehr und umgeben sich mit einem Schleier des Unsichtbaren. Die Trauer der Kinder kommt nicht in schwarzer Kleidung daher, sondern in Appetitlosigkeit und stumpfen Augen, sie braucht die Wahrnehmung der Erwachsenen, braucht, dass auch die leisen Töne gehört werden.

- Zweitens brauchen Kinder, dass ihre Gefühle ernst genommen werden. Wenn ein Kind traurig ist, braucht es die Erlaubnis, traurig sein zu dürfen, braucht es, dass nicht sofort das Taschentuch, das Gummibärchen oder das Argument gereicht wird: »Das ist doch gar nicht so schlimm …« Trauer darf sein, andere Gefühle dürfen sein. Mit Tränen, Wut, Trotz und allem, was sonst noch dazugehört.
  In einem Praktikumsbericht beschreibt eine Tanztherapeutin ihre Arbeit mit Kindern in einer Einrichtung in Süddeutschland. Sie ließ die Kinder Gefühlssterne malen und gestalten, nachdem sie vier Gefühle spielerisch in Bewegung gebracht hatten. Sie schrieb einige Sätze auf, die die Kinder danach geäußert hatten. Ein Kind sagte zum Beispiel nach der Beschäftigung mit den Gefühlen: »Ich wünsche mir, dass die großen Menschen mitbekommen,

dass auch kleine Menschen Menschen sind. Und dass kleine Menschen wie Menschen behandelt werden.« Dies war das Resümee einer Arbeit an vier Nachmittagen, an denen es darum ging, dass Gefühle ernst genommen werden, so wie sie sind. Wenn ihre Gefühle wahrgenommen und ernst genommen werden, bedeutet es für Kinder, dass sie in ihrem Menschsein gewürdigt werden.

- Drittens brauchen Kinder die Gewissheit, dass sie andere Gefühle als die Erwachsenen haben dürfen, grundsätzlich und in konkreten Situationen. Wenn der Vater niedergeschlagen ist oder die Mutter traurig, dann muss das Kind durchaus auch freudig sein dürfen. Ein Gegenüber zu haben bedeutet nicht nur, sich zu reiben, sondern auch, zu akzeptieren, dass man in seinen Gefühlen anders ist. Dies auszusprechen ist eine unglaublich wichtige Erlaubnis, die Kinder benötigen, um ihre Gefühle leben zu können. Sonst schleicht sich immer wieder dieser Anpassungsdruck ein: »Ich darf nur das fühlen, was meine Eltern fühlen, nur das, was gerade angesagt ist.« Uns begegnen solche Erfahrungen in der Therapie sehr häufig, zum Beispiel, wenn ein Kind einen depressiven Elternteil hatte, bei dem andere emotionale Lebensäußerungen keinen Raum haben durften, oder das Kind im Gegenteil immer »der Sonnenschein« zu sein hatte. Auch in anderen Konstellationen erfahren wir, wie wichtig für Kinder die Akzeptanz eigener Gefühle durch andere ist.

- Viertens brauchen Kinder Vorbilder der Emotionalität. Ein Klient erzählte uns im Erstgespräch vor dem Beginn einer Therapie, dass er zwar eine sehr hohe kognitive, verstandesmäßige Intelligenz habe, die in seinem Job – er ist Manager in einer Firma – gebraucht werde, dass aber seine emotionale Intelligenz sehr niedrig sei. Gefühle mitzubekommen und emotional zu reagieren habe er nie gelernt. Nach Vorbildern gefragt, antwortete er: »Da ist nichts. Es gab keine Gefühle zu Hause. Da waren keine. Zumindest nicht sichtbar.« Ohne Vorbilder im emotionalen Ausdruck und im emotionalen Umgang miteinander konnte sich seine Emotionalität nicht entwickeln.

  Kinder brauchen, was ihre Gefühle betrifft, keine Erziehung, sondern Vorbilder. Wie Erwachsene als Eltern, als Erzieher_innen, als Lehrer_innen, in jeder Rolle und Funktion, ihre Gefühle ausdrücken, davon lernen Kinder. Kinder lernen von Erwachsenen, ob es richtig und möglich ist, sich zu äußern, wenn man hilflos ist, oder seinen Ärger zu zeigen. Kinder lernen von Erwachsenen, dass man sich wütend streiten und danach wieder versöhnen kann. Kinder lernen von Erwachsenen, dass Liebe berührt und berührbar macht und zu Berührungen führt. Kinder lernen von Erwachsenen, dass Freude nicht nur still sein muss und ein glückliches Lächeln nicht nur bei drei Richtigen im Lotto erlaubt ist.

  Kinder nehmen uns Eltern als emotionale Vorbilder. Wenn ihnen das nicht reicht, dann sind die Erzieher_innen und

Lehrer_innen an der Reihe, und wenn sie auch davon nicht genug bekommen, greifen sie zu Vorbildern aus dem Fernsehen oder den Comics. Wenn die Eltern nicht zeigen, wie man sich streiten kann, dann tun dies Tom und Jerry (zumindest in unserer Generation).
Damit Kinder ein Vorbild annehmen können, ist es wichtig, dass sie Erwachsene um sich haben, die »ich« sagen und nicht »man«. Alle Sätze, die eine verallgemeinernde Moral vorgeben, wie »man« emotional zu sein hat, lassen Gefühle ersterben. »Man regt sich nicht so auf.« »Man ist jetzt nicht mehr traurig, die Oma ist doch schon ein Jahr tot.« »Es ist Unsinn, sich wegen so etwas zu schämen.« »Ärgern bringt nichts.« Solche und ähnliche Sätze unterscheiden zwischen den guten und den schlechten Gefühlen, bestimmte Gefühle und bestimmte Formen des Umgangs mit dem Ausdruck von Gefühlen werden aufgewertet und alle anderen abgewertet. »Ich bin traurig.« »Ich bin zornig.« »Ich bin hilflos.« »Ich schäme mich wegen so etwas nicht oder nur ganz selten.« … Bei solchen Sätzen hat das Kind einen Spielraum, zu entscheiden, ob es auch so fühlen und so sein will wie der Erwachsene oder anders, ob es mitgehen möchte oder eher seinen eigenen Gefühlen, seiner eigenen Art des emotionalen Ausdrucks Vorrang gibt.

- Fünftens brauchen Kinder für ihr emotionales Leben eine ehrliche Resonanz. Resonanz ist ein Mitschwingen. In der Resonanz teilen wir anderen mit, was sie in uns hervorrufen. Kinder brauchen diese Resonanz, um ihre Wirkung zu erleben. Auch die Wirkung, wenn sie trotzig oder traurig, zornig oder einsam sind. Kinder brauchen diese Resonanz, aber sie brauchen keine Resonanz, die »das Beste« für das Kind will, die taktisch oder pädagogisch ist, die bezweckt, dass dieses oder jenes Verhalten, dieses oder jenes Fühlen »herauskommt«. Kinder brauchen Ehrlichkeit und Wahrhaftigkeit.

Kinder fragen manchmal, warum Erwachsene ein bestimmtes Gefühl haben: »Warum bist du traurig?« Oder: »Warum bist du zornig?« Wir können und sollten uns als Erwachsene die Mühe machen, ehrliche Erklärungen zu geben, um Gefühle und ihr Entstehen wie ihren Verlauf so transparent wie möglich zu machen. Aber manchmal betreten Ärger und Zorn den Raum, ohne dass wir sagen können, woher sie kommen. Sie sind eher so etwas wie eine Stimmung. Dann zunächst einmal »Ich weiß es nicht« zu sagen gibt dem Kind auch die Erlaubnis zu solchen Gefühlen, deren Quelle es nicht oder nicht sofort identifizieren kann.

Kinder brauchen ehrliche emotionale Resonanz wie Essen und Trinken. Wenn diese emotionale Resonanz »gedeckelt« wird, wenn Erwachsene den Kindern ersparen wollen, dass sie zornig über sie sind, oder wenn sie sie vor ihrer eigenen emotionalen Not verschonen wollen, dann bremst dies die emotionale Resonanz und führt Kinder in ein emotionales Vakuum.

Selbstverständlich haben Erwachsene ein Recht auf Intimität, auch in emotionaler Hinsicht. Sie müssen Kindern nicht jedes Gefühl mitteilen. Selbstverständlich sind Kinder in manchen Situationen emotional überfordert, wenn sie zu viele »erwachsene« Gefühle aufgeladen bekommen oder gar als emotionale »Mülleimer« genutzt werden, indem sie zum Beispiel als Stellvertreter_innen für den Exmann oder die Exfrau herhalten müssen. Doch unsere therapeutische Erfahrung ist vor allem voll von Berichten über eine Kindheit, in der Erwachsene Kinder vor bestimmten Gefühlen bewahren wollten. Auch wenn dies oft aus dem Wunsch heraus geschah, ihre Kinder glücklich sehen zu wollen, war das Gegenteil die Folge. Die Kinder haben gerade diese zurückgehaltenen Gefühle aufgenommen wie ein Staubsauger. Genau die verborgenen Gefühle waren »zu viel« und »überfordernd«. Die tabuisierten Gefühle machten vor allem hilflos, da sie für die Kinder nur atmosphärisch zu spüren waren, sozusagen durch die Ritzen der Fassaden krochen, da die Kinder zweifelten, ob sie in ihrer Wahrnehmung diesen Gefühlen wirklich trauen konnten oder sich irrten, da sie diesen Gefühlen nicht offen und handfest begegnen konnten. Gebraucht hätten sie Offenheit und Ehrlichkeit, offenen emotionalen Ausdruck und offene emotionale Resonanz.

Fünf Thesen: Was Erwachsene im Umgang mit Kindergefühlen brauchen

- Das Erste, was Erwachsene brauchen, ist ein Interesse für Gefühle, für die der Kinder und für die eigenen. Beides, die Gefühle der Kinder und die eigenen Gefühle, hängen zusammen. Wie können wir Erwachsenen uns für die Gefühle unserer Kinder interessieren, wenn dies nicht auch für unsere eigenen Gefühle gilt? Wie können wir die der Kinder ernst nehmen, wenn wir unsere eigenen ignorieren? Dieser Zusammenhang wird uns in der Therapie immer wieder vor Augen geführt. Wenn Eltern oder andere Erziehende mit bestimmten Gefühlen von Kindern Probleme haben, fragen wir häufig: »Sie halten den Zorn des Jungen nicht aus – was ist mit Ihrem Zorn, mit Ihrer Wut, mit Ihrem Ärger? Zeigen Sie den, lassen Sie ihn zu oder schlucken Sie ihn hinunter?« Fast immer gibt es Verbindungen, fast immer öffnet das Interesse an den eigenen Gefühlen einen Zugang zu den Gefühlen des Kindes.

  Wir haben schon mehrmals in diesem Buch darauf hingewiesen, wie sehr Kinder gerade in ihrem emotionalen Ausdruck und ihren emotionalen Kontakten von den Vorbildern der Erwachsenen lernen. Damit sich die Erwachsenen für die Gefühle der Kinder interessieren können und deren Gefühle ernst nehmen, müssen sie ihre eigene Vorbildrolle hinterfragen. Wer die Trauer der Tochter übersieht, wird auch häufig die eigene Trauer übersehen. Wen die Scham der Halbwüchsigen nervt, den nervt auch die eigene Scham und vielleicht nerven auch die eigenen Erfahrungen von Beschämung.

Bitte verstehen Sie uns nicht falsch: Wir plädieren weder dafür, mit den eigenen Gefühlen immer »klar« sein zu müssen, noch dafür, nach irgendeiner wie auch immer gearteten Form von Perfektion zu streben. Dies brauchen unserer Meinung nach Kinder nicht. Das erschlägt sie eher. Kinder brauchen, dass wir Erwachsenen unsere Türen aufmachen, dann können wir auch die Türen zu den Gefühlen unserer Kinder öffnen und sie gemeinsam mit ihnen durchschreiten.

- Zweitens brauchen wir Erwachsenen Vertrauen in unsere emotionale Resonanz. Damit möchten wir Mut machen, die Regungen ernst zu nehmen, die im intensiven Kontakt mit Kindern in uns mitschwingend entstehen. Oft hören wir von einem Kind, das wir fragen, was gerade los sei und was es fühle, die Antwort: »Nichts. Alles okay.« Äußerlich gesehen, über unsere unmittelbare Wahrnehmung, haben wir keinen Anhaltspunkt, an den Worten des Kindes zu zweifeln. Gleichzeitig spüren wir aber in uns zum Beispiel eine Scham, die wir nicht wirklich greifen können. Diese Scham mag in vielen Fällen eine Resonanz auf das Kind sein, ein Hinweis darauf, dass sich auch das Kind schämt und sich vielleicht so sehr über seine Scham schämt, dass es diese nicht äußern kann. Erwachsene, die sich in einer konkreten Situation im Umgang mit einem Kind hilflos fühlen, spiegeln damit oft auch die Hilflosigkeit des Kindes wider. Wenn sich ein Erwachsener im Umgang mit Kindern in der Falle fühlt, ist dies häufig ein Hinweis darauf, dass sich auch das Kind in der Falle fühlt.

All dies muss nicht so sein, die eigene Scham kann durch andere Anlässe ausgelöst worden sein, die eigene Hilflosigkeit muss sich nicht beim Kind wiederfinden. Doch es lohnt sich, dieser Spur nachzugehen, Vermutungen, die aus der eigenen Resonanz entstehen, auszusprechen und entsprechend nachzufragen. Dies hilft uns in der Therapie und im Alltag.

- Drittens brauchen wir Erwachsenen Mut, Vorbild zu sein. Vorbild bedeutet nicht, »vorbildlich« wie ein Denkmal für bestimmte Werte und Verhaltensweisen zu sein. Auf Denkmälern lassen sich Tauben nieder, aber keine Kinder. Kinder brauchen lebendige Vorbilder, und wir Erwachsenen brauchen den Mut, Vorbilder mit Ecken und Kanten und Macken zu sein. Kinder erschließen sich die Welt im Spielen. Spielen ist für sie eine ernsthafte Angelegenheit. Sie brauchen uns auch im Spiel als Vorbild. Wir sind vorbildlich, wenn wir spielen, wenn wir spielerisch an Gefühle herangehen, Gefühle ausdrücken und emotional miteinander umgehen. Kinder müssen spielen.

Kinder lernen über das spielerische Ausprobieren, über das Experimentieren. Sie lernen dabei, auch mit ihren Gefühlen zu spielen, sie sind der böse Räuber oder der zornige Polizist, der strafend guckt, die verliebte Prinzessin oder der coole Prinz. Sie identifizieren sich mit anderen und erproben damit ihr Sein in der Welt, auch ihr emotionales Sein. Wir Erwachsenen müssen uns selbst die Erlaubnis geben, mitspielen zu dürfen, etwas, was die meisten von uns verlernt haben. Erwachsene, die mit ihren Kindern große Probleme haben und davon in der Therapie erzählen, fragen wir: »Was machen Sie mit Ihren Kindern? Was unternehmen Sie gemeinsam? Was spielen Sie?« Fast alle dieser Erwachsenen kommen, wie sie sagen, oft nicht dazu, mit den Kindern zu spielen, weil sie dafür keine Zeit haben. Sie sind zu sehr damit beschäftigt, für den Lebensunterhalt zu sorgen und die Dinge der Erwachsenen zu regeln, und sie sind zu sehr damit beschäftigt, sich voller Sorge um ihre Kinder zu kümmern, zu kümmern, zu kümmern. Auf die Frage: »Wenn Sie jetzt zaubern könnten, und Sie hätten einen Spielenachmittag mit Ihrer Tochter, was würden Sie dann gern spielen?«, fällt ihnen oft zuerst einmal die Antwort ein: »Meine Tochter spielt gern mit Barbiepuppen.« Dann fragen wir nach: »Was würden Sie gern spielen? Was würden S i e gern mit Ihrer Tochter spielen?« Und diese Frage trifft oft auf Ratlosigkeit, zu weit entfernt ist die Zeit des eigenen Spielens, zu tief vergraben ist die eigene Spielfreude! Spielen, das darf man nicht als Erwachsener – und durfte man vielleicht auch schon als Kind nicht frei und unbekümmert. Wenn wir die Klient_innen allerdings ermutigen, sich selbst die Erlaubnis zu geben, wieder zu spielen und ihre Spielfreude zu entdecken, dann fallen ihnen im besten Fall Spiele ein, die sie früher gern gemacht haben und die sie jetzt gern wieder spielen würden. Und später berichtet der Klient, den wir oben erwähnten und dessen Tochter Barbiepuppen-Fan war: »Gestern habe ich mit meiner Tochter und deren Freundin gemeinsam Fußball gespielt und wir haben selten so sehr gelacht wie in dieser halben Stunde. Das war ja gar nicht so lang, aber wir haben so herumgegackert und so viel Spaß gehabt und am Ende haben sie sogar mit einem Punkt Vorsprung gegen mich gewonnen …« Da waren viele Gefühle im Spiel, die nicht geplant werden mussten. Er brauchte »nur« die Erlaubnis, eine halbe Stunde Pause zu machen im Erwachsenendasein und sich auf ein Spiel mit der Tochter und deren Freundin einzulassen. Die Gefühle entstanden ganz von allein.

- Viertens brauchen wir Erwachsene den Blick auf unsere eigene Kindheit. Ganz gleich, ob wir eine Ausbildung in Erziehung oder ein Pädagogikstudium durchlaufen haben oder nicht: Wir alle haben eine Ausbildung in Kindheit hinter uns. Wir waren 12, 15 oder 18 Jahre lang Kinder beziehungsweise Jugendliche. Diese Erfahrungen sind für uns Erwachsene eine mächtige Ressource, die genutzt werden kann und genutzt werden sollte. Eine Mutter sagt zum

Beispiel: »Ich komme mit meiner 16-jährigen Tochter nicht klar. Die ist derartig zickig, dass ich es nicht mehr aushalte. Und alles, was ich mache, ist falsch.« Die Therapeutin fragt zurück: »Wie ging es Ihnen denn, als Sie 16 Jahre alt waren?« Die Mutter ist überrascht bis fassungslos über die Gemeinsamkeit mit ihrer Tochter: »Alles, was ich gemacht habe, war falsch.« Eine andere Mutter ist verzweifelt darüber, dass ihre 13-jährige Tochter sich immer mehr von ihr zurückzieht: »Ich komme mir vor, als würde ich mich aufdrängen. Wenn ich etwas mit ihr unternehmen möchte, will sie dies nicht, wenn ich mit ihr reden will, bricht sie das Gespräch ab. Ich bin ratlos und weiß nicht mehr, was los ist.« Auf die Frage, wie es ihr denn im Alter ihrer Tochter ergangen ist, fällt ihr ein, dass sie in dieser Zeit sehr einsam war und sich nichts so sehr gewünscht hatte wie einen intensiveren und häufigeren Kontakt mit ihrer Mutter, die aber im elterlichen Geschäft so sehr beschäftigt war, dass sie sie ignorierte. Im weiteren Gespräch stellt sich heraus, dass sich die Mutter irgendwann geschworen hat, es anders zu machen als ihre Mutter, und dementsprechend den Kontakt mit ihrer Tochter sucht. Der Tochter fehlt es aber gar nicht an Austausch mit der Mutter, im Gegenteil, sie braucht eher Rückzugsmöglichkeiten. Die Mutter wollte etwas an ihrer Tochter »wiedergutmachen«, was sie selbst in ihrer Kindheit gebraucht hätte. An den Bedürfnissen der Tochter geht es vorbei, im Gegenteil, es treibt die Tochter in den Rückzug.

Solchen Querverbindungen zu den eigenen Kindheitserfahrungen begegnen wir häufig; die Erfahrungen der eigenen Kindheit beeinflussen das Verhalten der Erwachsenen gegenüber den Kindern. Sie sollten geachtet und in jedem Fall als Quelle genutzt werden.

- Das Fünfte, was Erwachsene brauchen, ist die Bereitschaft und Fähigkeit, »weich« zu sein oder zu werden. Wir Erwachsenen verhärten oft, uns und unseren Kindern gegenüber. Wir verhärten in unseren Gefühlen, in unseren emotionalen Resonanzen und in unseren emotionalen Kontakten. Vieles, was zum Beispiel wie ein Machtspiel zwischen Erziehenden und Kindern daherkommt und in seiner Härte und seinen Regeln von Sieg und Niederlage das Leben vergällt, ist oft etwas ganz anderes. Es beruht vielleicht auf unterschiedlichen Rhythmen und unterschiedlichem Zeiterleben, auf Ängsten oder auf kindlichen Versuchen, einen Weg aus Hilflosigkeit, Einsamkeit oder Druck zu finden. Also geht es darum, wieder weich zu werden. Dazu braucht es oft ein Innehalten, um überhaupt achtsam werden zu können für das, was ist, für das, was gefühlt wird und gefühlt werden möchte. Manchmal hilft die Vorstellung, aus einem spannungsvollen Konflikt »beiseitezutreten«, um »von der Seite« darauf zu schauen und weich werden zu können. Was Menschen brauchen, um sich ihr Weichwerden zu erlauben, ist unterschiedlich. Humor, Lachen und Schmunzeln helfen immer. Oft brauchen wir andere Menschen, die uns dabei helfen, den Weg zum Weichwerden zu finden, und es hilft Erfahrung, an die wir anknüpfen können.

Wenn die Saite eines Instrumentes extrem gespannt ist, dann kann sie nicht mehr klingen. Wenn sie dennoch zum Schwingen gebracht werden soll, dann kann sie reißen. Die Spannung muss erst ein wenig nachlassen, dann können Töne erklingen. Ein wichtiger Schritt, mit den eigenen Gefühlen und den Gefühlen der Kinder besser umgehen zu können, besteht darin, zu versuchen, weicher zu werden, gelassener mit sich selbst und entspannter miteinander. Zugegeben: eine hohe Kunst!

Literatur

Baer, U. (2019): Was hochbelastete Kinder brauchen. Praxishandbuch für Begleitung und Betreuung. Stuttgart

Baer, U.; Frick-Baer, G. (2001/2008): Leibbewegungen, Herzkreise und der Tanz der Würde. Berlin/Neukirchen-Vluyn

Baer, U.; Frick-Baer, G. (2014/2020): Das große Buch der Gefühle. Weinheim

Baer, U., Frick-Baer, G. (2015/2018): Kriegserbe in der Seele, Was Kindern und Enkeln der Kriegsgeneration wirklich hilft. Weinheim

Bear, M. F.; Engel, A. K. (2018) Neurowissenschaften: Ein grundlegendes Lehrbuch für Biologie, Medizin und Psychologie. Heidelberg

Frick-Baer, G. (2013): Trauma – »Am schlimmsten ist das Alleinsein danach«. Sexuelle Gewalt – wie Menschen die Zeit danach erleben und was beim Heilen hilft. Neukirchen-Vluyn

Lefrançois, G. R. (2014) : Psychologie des Lernens. Heidelberg

Zitierte Literatur

Mercier, P. (2004/2012): Nachtzug nach Lissabon. München, Wien. Mit freundlicher Genemigung von Carl Hauser Verlag GmbH & Co. KG.

Proulx, E. A. (1995/2007): Schiffsmeldungen. München

Schmitt, E.-E. (2003/2004): Monsieur Ibrahim und die Blumen des Koran. Zürich

Über die Autoren

Dr. Udo Baer ist Diplom-Pädagoge, Kreativer Leibtherapeut, Mitbegründer der Zukunftswerkstatt *therapie kreativ*, Wissenschaftlicher Leiter des Instituts für soziale Innovationen (ISI), Vorsitzender der Stiftung Würde und Mitinhaber des Pädagogischen Instituts Berlin.

Dr. Gabriele Frick-Baer ist Diplom-Pädagogin, Kreative Leib- und Traumatherapeutin AKL, Vorstandsmitglied der Stiftung Würde und Mitbegründerin der Zukunftswerkstatt *therapie kreativ*.

Gemeinsam haben Udo Baer und Gabriele Frick-Baer zahlreiche erfolgreiche Bücher über Gefühle verfasst, unter anderem *Das große Buch der Gefühle* (2014).